Private Banking im Schlaglicht internationaler Regulierungen

Das BankingForum Liechtenstein ist eine gemeinsame Veranstaltungsreihe des Liechtensteinischen Bankenverbandes und der Fachhochschule Liechtenstein, erstmals veranstaltet im Jahre 2002. Der vorliegende Band beinhaltet eine auf März 2003 überarbeitete und aktualisierte Fassung derjenigen Referate, die anlässlich der Tagung am 22. November 2002 vorgetragen wurden.

Philip Schädler · Marco J. Menichetti
(Herausgeber)

Private Banking im Schlaglicht internationaler Regulierungen

Mit 9 Abbildungen und 7 Tabellen

Physica-Verlag
Ein Unternehmen
des Springer-Verlags

lic. rer. publ. HSG Philip Schädler
Geschäftsführer
Liechtensteinischer Bankenverband
Pflugstrasse 20
9490 Vaduz
Fürstentum Liechtenstein
philip.schaedler@bankenverband.li

Dr. Marco J. Menichetti
Stiftungsprofessor des Liechtensteinischen Bankenverbandes
Institut für Finanzdienstleistungen
Fachbereich Wirtschaftswissenschaften
Fachhochschule Liechtenstein
Fürst-Franz-Josef-Strasse
9490 Vaduz
Fürstentum Liechtenstein
marco.menichetti@fh-liechtenstein.li

ISBN 3-7908-0135-6 Physica-Verlag Heidelberg

Bibliografische Information Der Deutschen Bibliothek
Die Deutsche Bibliothek verzeichnet diese Publikation in der Deutschen Nationalbibliografie; detaillierte bibliografische Daten sind im Internet über <http://dnb.ddb.de> abrufbar.

Physica-Verlag Heidelberg
ist ein Unternehmen von Springer Science+Business Media

springer.de

Umschlaggestaltung: Erich Kirchner, Heidelberg

SPIN 10963647 88/3130-5 4 3 2 1 0 – Gedruckt auf säurefreiem Papier

Einleitende Gedanken

Philip Schädler

lic. rer. publ. HSG; Tagungsleiter, Geschäftsführer des Liechtensteinischen Bankenverbandes

Das 1. Banking Forum Liechtenstein steht unter dem Motto „Herausforderung Zukunft – Private Banking im Schlaglicht internationaler Regulierungen". Die Finanz- und insbesondere die Bankindustrie neigen von der Natur der Sache her zu einer hohen Regulierungsdichte. In den letzten Jahren war weltweit eine **zunehmende Regulierungsdynamik** zu beobachten. Dieser Trend scheint ungebrochen anzudauern.

Was sind die Gründe dafür? Brauchen wir mehr Regeln, mehr Orientierung, mehr Disziplinierung in einer komplexer gewordenen Welt? Sorgen mehr Regeln und Regulierungen für mehr Sicherheit und Ordnung? Folgende Gründe könnten Ursachen eines weltweiten dynamischen „Regulierungswachstums" sein:

Die Globalisierung – Die Globalisierung ruft nach weltweit akzeptierten und geltenden Regeln. Der internationale Handel kann nur bestehen, wenn die Regeln im globalen Markt bekannt sind, die Marktteilnehmer über die Regeln Bescheid wissen. In internationalen Gremien können diese Regeln weltweit als verbindlich erklärt werden. Dies führt zu einer Harmonisierung von Normen, welche über multilaterale Vereinbarungen verankert werden.

Der Siegeszug des Rechtsstaates und der „rule of law" – Jedes staatliche Gebilde – und davon gibt es rund 200 auf unserem Globus – besitzt ein Sammelsurium von Rechtsetzungen und Regulatorien verschiedener Stufen. In ihrer Gesamtheit sind sie das „Code-Book" der staatlichen Gemeinschaft, welches das Zusammenleben ordnet und Strukturen sichtbar macht. Die Akzeptanz solcher Regeln wiederum ist der Nährboden für weitere Regeln. Mussten ganz früher die Menschen mit roher Gewalt diszipliniert werden, so genügt heute das Aufstellen von Gesetzen, Codes – ohne eine blutige Schlacht zu schlagen. Weil es so einfach ist über solche Regeln via Demokratie oder Oligarchie zu ordnen, zu disziplinieren, zu strukturieren, wird dieser Weg begangen – und dies offensichtlich immer öfters.

Die Entwicklung der Informationstechnologie – Die Informationstechnologie hat unzweifelhaft das menschliche Dasein beschleunigt. Die Informationsverarbeitung und -verbreitung kann durch Computer schneller und in grösserer Menge erfolgen. Die Leistung der Computer verdoppelt sich alle zwei Jahre, dabei halbiert sich ihr Preis in der gleichen Zeit. Die Verbilligung der Technologie macht sie für fast jedermann zugänglich und führt zu deren flächendeckenden Verbreitung. Regeln können demnach übers weltweite Netz, dem Internet, weltweit abgerufen und transparent gemacht werden. Ihre Verbreitung ist dabei praktisch kostenlos. Die heutige Technologie erlaubt eine einfache, flächendeckende und schnelle Verbreitung von Regeln. Zum anderen muss Technologie auch kontrollierbar sein und vor Missbrauch geschützt werden – auch dies verlangt wiederum nach „Sicherheits-Regelungen".

Die zunehmende Bedeutung supranationaler Organisationen in Politik und Wirtschaft – Internationale Organisationen werden gegründet, um gemeinsame Strategien, Ideen, Interessen und Ziele auf der Ebene freiwilliger Zusammenarbeit durchzusetzen. Internationale Organisationen regeln sich selber und stellen Regeln auf, welche z.T. völkerrechtlich relevant sind oder „weiches Recht" (**soft law**) darstellen. Dieses weiche Recht unterliegt oftmals keiner demokratischen Kontrolle, sondern ist vornehmlich politisch gesteuert. Aber auch hier gilt – Regeln werden für politische Ziele eingesetzt.

Der Schutz vor äusserem und innerem Missbrauch des Finanz- und Bankensystems – Dazu gehören zum Beispiel die Regeln zur Bekämpfung der Geldwäscherei, der organisierten Kriminalität und des internationalen Terrorismus, bankinterne Regelungen zum Schutz der Kundeninteressen, nationale und internationale Regeln betreffend den Konsumenten- und Anlegerschutz. In einem liberalen System sind Regeln das Korrektiv, wenn die Selbstverantwortung versagt.

Regeln sind offensichtlich notwendig, um das Zusammenleben der Menschen zu ordnen. Die Frage ist nur, was geregelt sein muss und was nicht. Das entscheidet die Politik oder die Mehrheit in einer Demokratie. Es gibt aber eines zu bedenken: **Regeln an sich sind weder gut noch schlecht** – die Menschen, die sie aufstellen, verfolgen mit ihnen einen bestimmten Zweck, bestimmte Ideen und Ziele. Das was die Regeln auslösen, die Resultate ihrer Befolgung unterliegen natürlich einer Wertung, einer Bewertung. Diese Bewertung der Resultate im Sinne eines Rückkoppelungseffekts führt dazu, dass die Regeln entweder bestehen bleiben, abgeändert oder abgeschafft werden, wenn sie untauglich oder nicht mehr brauchbar sind. Weil Regeln grossen Einfluss auf unser Leben, auf unsere Wirtschaft haben, ordnen, Standards setzen, Wettbewerb fördern oder verhindern, erlauben oder verbieten – sind sie beliebt – aber auch gefürchtet, von denjenigen, die sie nicht beseitigen können. Regeln sind dann besonders wirksam, wenn sie aufgrund ihres Inhalts allgemein anerkannt sind und befolgt werden (Ethisches Prinzip), wenn sie von der Mehrheit beschlossen wurden (Demokratisches Prinzip) und wenn sie von „den Mächtigen" durchgesetzt werden können (Hierarchisches Prinzip). Es muss darauf geachtet werden, dass Regeln i.d.R. demokratisch zustande kommen, d.h. eine Mehrheit die Regeln befürwortet, eine Minderheit diese aufgrund einer Abmachung akzeptiert. Regeln, die von Mächtigen erzwungen werden, sind in sich schwach und brüchig. Aber eines ist klar – ohne Regeln würden wir im Chaos versinken.

Die folgenden Referate setzen sich mit Regeln bzw. Regulierungen auseinander, welche für das Private Banking von grosser Bedeutung sind. Schon kleinere Regelungsgefälle zwischen Ländern führen im Banking zu Wettbewerbsnach- bzw. -vorteilen. Die Ausgestaltung der massgeblichen Regeln erfordert unser Engagement, weil davon unsere Zukunft tangiert wird. Die Wahl der massgeblichen Regeln ist somit eine ständige Herausforderung.

Vaduz, im Sommer 2003

Inhaltsverzeichnis

Private Banking im Sog internationaler politisch-rechtlicher Veränderungen

Adolf E. Real

Dipl. Ing. ETH, MBA; Vorsitzender der Geschäftsleitung der VP Bank AG, Vaduz sowie Präsident des Liechtensteinischen Bankenverbandes

1 Einleitung

„Politik ist der Spielraum, den die Wirtschaft ihr lässt" – dieser Spruch von Dieter Hildebrandt deckt sich mit der weit verbreiteten Meinung, dass Gesellschaft und Politik unter dem Primat der Wirtschaft stehen. Ich bin der Auffassung, dass diese Thematik differenzierter betrachtet werden muss. Denn: Internationale politische Entwicklungen wirken sich immer direkter, schneller und fundamentaler auf das Wirtschaftsleben aus. Im Besonderen ist dies im Finanzdienstleistungssektor spürbar. Dies dürfte auch der Grund sein, weshalb diese Thematik von der Tagungsleitung in das Programm zu den „Herausforderungen Zukunft: Private Banking im Schlaglicht internationaler Regulierungen" aufgenommen wurde.

Ich werde im Folgenden einige Gedanken zum „Private Banking im Sog internationaler politisch-rechtlicher Veränderungen" präsentieren. Dabei bin ich mir wohl bewusst, dass in der Kürze lediglich einige wichtige Streiflichter auf dieses Thema möglich sind. Zunächst sollen ganz knapp die allgemeine Ausgangslage und die Herausforderungen für den Finanzplatz Liechtenstein aufgezeigt werden. Sodann werde ich über die gemachten Erfahrungen aus der Sicht Liechtensteins berichten und mögliche Lehren und Empfehlungen darlegen, welche daraus gezogen werden können. Schliesslich möchte ich aus meiner Perspektive einen kurzen Ausblick auf die weitere Entwicklung des Finanzdienstleistungssektors Liechtensteins und der Schweiz geben.

2 Allgemeine Ausgangslage

Die Zeit nach dem 2. Weltkrieg war weitgehend durch die bipolare Ordnung mit den zwei Supermächten USA und Sowjetunion geprägt. Die Erinnerungen an den Krieg waren wach. Die Schweiz und Liechtenstein galten in einem noch verstärkteren Masse als heute als finanziell sicherer Hafen. Mit dem Fall des „Eisernen Vorhanges" verschwand auch die Bedrohung durch den Kommunismus. Gerade in Europa legte man nun das Augenmerk verstärkt auf eine neue umfassende Stabilität und Stärkung der jeweiligen Volkswirtschaften. Gleichzeitig entwickelte sich ein Globalisierungsschub und die Anstrengungen zur Errichtung einer neuen Weltwirtschaftsordnung. In diesem Zusammenhang galt und gilt es, gemeinsame Regeln zu definieren. Diese sind sehr stark angelsächsisch beeinflusst. Stichworte hierzu sind ein intensiver Wettbewerb oder auch der Informationsaustausch. Der Standortwettbewerb wurde massiv verschärft. Es geht hier um handfeste wirtschaftliche Interessen der einzelnen Länder, welche mit immer härteren Bandagen kämpfen. In diesem Kontext ist auch der Kampf ums Steuersubstrat zu sehen.

Im Zuge der Globalisierung konnten sich auch kriminelle Organisationen und Aktivitäten weltweit stärker ausbreiten. Folglich soll auch deren Bekämpfung global geführt werden, z.B. bei Drogendelikten und Geldwäscherei. Innerhalb der G-7-Staaten und von internationalen Organisationen wie OECD, BIZ oder IWF wurden Instrumente aufgebaut. Angefangen wurde mit der internen Beobachtung von Mitgliedsländern, später wurden aber auch Nicht-Mitglieder ins Visier genommen – besonders Offshore-Zentren bilden seit geraumer Zeit eine bevorzugte Zielscheibe. Vielfach weisen solche Zentren ein im internationalen Vergleich überdurchschnittliches Wohlstandsniveau aus. Direkt oder indirekt wird argumentiert, dass dieser Wohlstand teilweise auf fragwürdigen moralisch-ethischen Geschäften beruhe. Aus dieser Sichtweise eignen sich solche Staaten scheinbar leicht für moralische Verurteilungen oder besser: Vorverurteilungen. Und äusserst selten wird die Frage aufgeworfen, ob die Urteile mit den konkreten Gegebenheiten übereinstimmen oder gar, ob es eine Legitimation für solche Druckversuche gibt, die zudem überaus medienwirksam ablaufen.

3 Herausforderungen für den Finanzplatz: Änderung des internationalen Umfeldes

Der liechtensteinische Finanzdienstleistungssektor hat einen beachtlichen Aufschwung erlebt, vor allem im letzten Drittel des 20. Jahrhunderts. Eine wesentliche Bedingung hierzu lieferten insbesondere die folgenden spezifischen Standortvorteile des Finanzplatzes:

- die politische und wirtschaftliche Stabilität
- eine liberale Wirtschaftspolitik
- das niedrige Steuerniveau
- die liberale Steuergesetzgebung mit Holdingprivileg
- der Schweizer Franken als gesetzliches Zahlungsmittel
- der Geheimnisschutz, namentlich das starke Bankgeheimnis
- die besonderen liechtensteinischen Gesellschaftsformen sowie
- die fehlende Rechts- und Amtshilfe in Steuerangelegenheiten.

Diese spezifischen Standortvorteile des Finanzplatzes bildeten über Jahrzehnte einen verlässlichen Rahmen für die Tätigkeit im Bereich der Finanzdienstleistungen. Sicherheit, Vertrauen und Diskretion waren gleichsam die Klammer in einem mehr oder weniger statischen Gefüge. Seit geraumer Zeit befinden wir uns in einem dynamischen Umfeld, die rechtlichen Rahmenbedingungen ändern sich teilweise und der Wettbewerb nimmt zu. Im Folgenden sollen einige Aspekte von Änderungen des internationalen Umfeldes beispielhaft dargelegt werden.

Auf Offshore-Zentren im Allgemeinen und auf Liechtenstein im Speziellen wird nach wie vor starker Druck ausgeübt – sei dies von Organisationen wie der OECD oder auch von einzelnen Ländern. So veröffentlichte im Mai 2000 das Financial Stability Forum (FSF), eine Unterorganisation der BIZ und weiterer Dachorganisationen von Regulatoren im Finanzbereich, einen Bericht über Offshore-Finanzzentren, welche in drei Gruppen eingeteilt wurden. Liechtenstein befindet sich mit 24 anderen Ländern oder abhängigen/assoziierten Gebieten in der Gruppe 3. Gemäss FSF sind die rechtlichen Vorschriften und Überwachungsmechanismen der hier genannten Jurisdiktionen nicht in Übereinstimmung mit internationalen Standards und werden generell als nicht-kooperativ angesehen. Diese „schwarze Liste“ wurde bisher keiner Überprüfung unterzogen und revidiert.

Bezüglich Geldwäscherei/organisierter Kriminalität war Liechtenstein eine Zeit lang im internationalen Fokus. Speziell erwähnt sei hier der Review-Prozess der Financial Action Task Force on Money Laundering (FATF). Der Prozess begann für Liechtenstein im Februar 2000 und basiert auf Kriterien, nach welchen beurteilt wird, ob ein Land oder ein Territorium als kooperativ oder nicht-kooperativ eingestuft wird. Am 22. Juni 2000 wurde Liechtenstein auf die „schwarze Liste" der FATF gesetzt. Obwohl einige Anpassungen und Massnahmen landesintern bereits in die Wege geleitet wurden, führte der internationale Druck zweifellos zur Beschleunigung der Reformen. Nebenbei nur sei bemerkt, dass Liechtenstein schon zum damaligen Zeitpunkt die EU-Richtlinie betreffend Geldwäscherei längst vollumfänglich in das nationale Recht umgesetzt hatte. Seit dem Jahre 2000 wurden gesetzliche Massnahmen im Zusammenhang mit der Bekämpfung von Geldwäscherei und organisierter Kriminalität verabschiedet, welche die Glaubwürdigkeit des liechtensteinischen Finanzplatzes wieder her- und nachhaltig unter Beweis stellten. Hier sind vor allem die Revisionen des Sorgfaltspflichtgesetzes, des Rechtshilfegesetzes und der Strafgesetzgebung zu erwähnen. Zudem wurde die Aufsicht im Finanzdienstleistungsbereich verstärkt und die Umsetzung der Vorschriften intensiver kontrolliert. Aufgrund der getroffenen Massnahmen wurde Liechtenstein im Juni 2001 – genau ein Jahr nach dem Listing – von der „schwarzen Liste" der FATF gestrichen.

Die OECD will „schädliche Steuerpraktiken" bekämpfen und hat insbesondere einen massiven Angriff auf sog. Steueroasen eingeleitet. So verlangt sie einen umfassenden Informationsaustausch zwischen den Steuerbehörden und eine Lockerung des Bankkundengeheimnisses. Im Juni 2000 wurde ebenfalls eine „schwarze Liste" mit 35 sog. Steuerparadiesen – darunter auch Liechtenstein – veröffentlicht. Die OECD erwartete und erwartet von den angeprangerten Steueroasen Commitments zur Umsetzung eines umfassenden Informationsaustausches. Mittlerweile befinden sich noch 7 Staaten auf dieser Liste. Da das Angebot Liechtensteins als ungenügend von der OECD gewertet wurde, bleibt unser Land weiterhin auf der Liste. Mögliche Sanktionen gegen Steuerparadiese wurden für das Jahr 2003 in Aussicht gestellt. In der Europäischen Union sind Steuerharmonisierungsbestrebungen im Gange. Nach einer Übergangsfrist sollen im Jahre 2010 alle EU-Mitgliedstaaten verpflichtet werden, Zinszahlungen an Privatpersonen, die in einem anderen EU-Staat wohnen, durch die Zahlstellen an die zuständigen Behörden zu melden. Die EU verlangt von Drittländern wie der Schweiz und Liechtenstein „gleichwertige" Lösungen, welche mit dem „Endziel" der EU – dem Informationsaustausch – konsistent sein müssten.

Die Bush-Administration hat eine verschärfte Haltung bei der Bekämpfung länderübergreifender Finanzdelikte eingenommen. Unter anderem sollen auch Abkommen mit von der OECD als Steuerparadiese bezeichneten

Länder abgeschlossen werden. Liechtenstein hat mittlerweile ein Rechtshilfeabkommen mit den USA unterzeichnet. Die Ratifikation dürfte im Verlaufe des Jahres 2003 erfolgen.

Schliesslich muss erwähnt werden, dass Ereignisse wie der Terror-Anschlag auf die USA vom 11. September 2001 als Argumentationshilfe zur Abschaffung des Bankgeheimnisses, zum Kampf gegen Offshore-Zentren oder zur „Austrocknung von Steueroasen" verwendet werden.

Durch derartige internationale Entwicklungen geraten die traditionellen Standortvorteile Liechtensteins unter Druck. Das Bankkundengeheimnis, die bislang fehlende Rechts- und Amtshilfe in Steuerangelegenheiten oder auch das liechtensteinische Gesellschaftsrecht werden einer Belastungsprobe ausgesetzt.

4 Grundlegende internationale Trends

Bevor wir zu den konkreten Erfahrungen Liechtensteins kommen, möchte ich noch kurz auf einige mir wichtig erscheinende internationale Tendenzen eingehen. Zunächst ist darauf hinzuweisen, dass es sich hier um Prozesse handelt, nicht einzelne Ereignisse, die man nach scheinbarer Erledigung zu den Akten legen kann. Als Beispiel soll uns die FATF dienen. Die derzeit gültigen 40 Empfehlungen dieses Gremiums sind nicht ein statisches Gebilde, sondern sie sind im Fluss. So läuft derzeit eine Vernehmlassung über eine allfällige Revision der Geldwäscherei-Richtlinien.

Unverkennbar ist auch eine gewisse Eigendynamik von Entwicklungen. Diese Eigendynamik wird einerseits aus politisch-wirtschaftlichen Interessen, andererseits aus bürokratischen Tendenzen und Eigeninteressen der Akteure gespeist. Ob und inwieweit solche Prozesse unumkehrbar sind, liesse sich trefflich diskutieren. Jedenfalls kann derzeit festgestellt werden, dass die angesprochenen internationalen Entwicklungen vorangetrieben werden. Und dies unabhängig davon, ob nun beispielsweise eine eher links- oder eher rechtsorientierte politische Strömung vorherrschend ist.

Eine weitere Tendenz, nämlich diejenige vom Völkerrecht zum Soft Law, scheint mir gerade für Kleinstaaten nicht ungefährlich zu sein. Der Kleinstaat ist auf das internationale Recht angewiesen. Er kann letztlich seine Interessen weder mit politischen noch mit wirtschaftlichen Mitteln durchsetzen. Und diese völkerrechtliche Abstützung scheint einem Erosionsprozess unterworfen zu sein. Gremien wie die OECD geben „blosse“ Empfehlungen ab, die sich nicht auf das Völkerrecht stützen. Dennoch, oder gerade deshalb, entfalten derartige Empfehlungen eine starke Wirkung. Zudem ist es überaus schwierig, Empfehlungen irgendwo einzuklagen.

Schliesslich ist auch ein gewisser Trend von der Rechtshilfe zur Amtshilfe feststellbar. Ein automatischer Austausch von Informationen unter Steuerbehörden beispielsweise wird von den Protagonisten einer solchen Idee als einfacher und effizienter angesehen als „langwierige“ Rechtshilfeverfahren. Bei letzteren läuft alles nach einem geordneten Rahmen ab, welcher zudem noch nationale Eigenheiten aufweisen kann.

All die aufgezeigten Entwicklungen stehen nicht in allen Belangen im Einklang mit dem grundlegenden Verständnis von Aspekten des Rechts und von Wertvorstellungen der Länder Liechtenstein und Schweiz. Deshalb stellen sie unsere Länder auch vor neue Herausforderungen.

5 Erfahrungen aus der Sicht Liechtensteins

Ist man im internationalen Fokus, kommt die Verletzlichkeit des Kleinstaates schlagartig zum Vorschein. Ein Exempel lässt sich einfacher an einem kleinen Staat statuieren. Bietet der Kleinstaat keinerlei wirtschaftliche, politische oder sonst wie strategische Vorteile für andere Staaten und verfügt er über keinen grossen Bruder als Partner, wird es schwierig für einen Kleinstaat. Innert sehr kurzer Zeit kann ein enormer öffentlicher Druck auf ein Land aufgebaut werden. Gerade das Zusammenspiel von internationalen Organisationen und Medien stellt ein erfolgreiches Konzept dar. „Naming and Shaming“ – wie es ein Vertreter der FATF einmal treffend bezeichnete. Beispielsweise wird ein Land auf eine Liste gesetzt und – zusammen mit den Medien als Teil der Strategie – an den Pranger gestellt. Gerade ein Kleinstaat muss sich auch mit einer gewissen Ungleichbehandlung abfinden. Man verlangt, dass der Kleine mehr und Besseres leistet. Überdies werden einzelne Themen je nach Belieben und Interessenslage vermischt. So musste Liechtenstein die Erfahrung machen, dass die Bekämpfung der Geldwäscherei vielfach mit der Steuerthematik vermengt wurde.

Meist wird auch moralisch argumentiert und einzelne Staaten sind anscheinend moralisch angreifbarer als andere – weil sie reicher sind und unter Umständen einzelne strukturelle Schwächen oder Defizite aufweisen.

Gerade in der heutigen Zeit, wo Medien ein starkes meinungsbildendes Gewicht haben, eignen sich solche Staaten eher für moralische Verurteilungen.

Zu Sanktionen oder anderen direkten Massnahmen, welche internationale Organisationen zur Disziplinierung von einzelnen Staaten androhen, braucht es nicht einmal zu kommen. Der Imageschaden durch „Listen" und „Empfehlungen" kann bereits beträchtlich sein, indem bestehende Kunden ihre Vermögenswerte abziehen und potentielle Kunden fernbleiben.

Eine weitere Erfahrung ist, dass die eigene Medien- und Öffentlichkeitsarbeit kurzfristig kaum etwas bewirken kann. Wenn einmal ein internationales Klischee aufgebaut ist, ist es für gewisse Medien einfacher, eine Information so aufzugreifen und zu interpretieren, dass sie zum entsprechenden Klischee passt. Eigene Informationen oder „Erfolgsmeldungen" mit dem Ziel der Imageverbesserung und Schaffung von Transparenz erfordern einen jahrelangen, konsistenten und kontinuierlichen Prozess, um einen öffentlichen Stimmungsumschwung einleiten zu können. So vergingen seit dem bekannten Bericht des Nachrichtenmagazins „Spiegel" vom November 1999 über Liechtenstein als angebliches Geldwäscherei-Paradies rund 2 Jahre, bis auch positiv in den internationalen Medien über Liechtenstein berichtet wurde.

Im Lichte einer heilsamen Selbstkritik muss zugegeben werden, dass Liechtenstein gewisse internationale Entwicklungen entweder nicht oder zu spät wahrgenommen oder eben auch unterschätzt hat. Es gab in der Vergangenheit teilweise deutliche Signale, welche Liechtenstein hätte wahrnehmen müssen. Beispielsweise war in einzelnen Fällen eine schleppende Rechtshilfe registriert worden, was Liechtenstein Angriffen ausgesetzt hat.

Mit der verstärkten Öffnung nach aussen – Stichwort „EWR" -, wurde Liechtenstein auch vermehrt international beachtet. Der Finanzplatz hat gerade in der 2. Hälfte der 90er Jahre eine überaus starke Dynamik entwickelt. Gleichzeitig wurden für mögliche Herausforderungen nicht rechtzeitig und nicht genügend Ressourcen bereitgestellt. Die Aufgaben stiegen sowohl in quantitativer als auch in qualitativer Hinsicht, wobei dies mit dem gleichen Apparat bewerkstelligt werden musste. Gerade für strategische Fragen wurden keine Mittel zur Verfügung gestellt. So konnte dann auf gewisse Herausforderungen und Angriffe nur noch *reagiert* werden.

Noch ein Wort zu den Unterschieden von bilateralen und multilateralen Verhandlungen. Bilaterale Verhandlungen dürften in der Regel „einfacher“ sein, d.h. es ist mehr Spielraum für die Akteure vorhanden. Gewisse Rücksichten auf den Verhandlungspartner sind möglich, solange bestimmte Eigeninteressen gewahrt werden können. Der Grund liegt wahrscheinlich darin, dass der Prozess hinter verschlossenen Türen abläuft. Positionen können ändern, ohne dass ein Verhandlungspartner in der Öffentlichkeit gleich das Gesicht verliert. Im Gegensatz dazu laufen die Prozesse bei multilateralen Verhandlungen vielfach öffentlich ab. Die Mitglieder haben sich in mehrjähriger Arbeit auf Mindeststandards geeinigt. Sodann geht es darum, die Standards gegen eine Anzahl von Staaten durchzusetzen, teilweise unter massivem Druck. Wenn der Prozess einmal läuft, ist der Handlungsspielraum gering.

6 Lehren und Empfehlungen

„Vorsorgen ist besser als Heilen“: Dieses Sprichwort gilt auch in unserem Zusammenhang. Grundsätzlich soll ein präventives und proaktives Denken und Handeln praktiziert werden. Situationen, wo internationale Organisationen oder auch einzelne Staaten – im Zusammenspiel mit den Medien – grossflächige Angriffe starten können, sind wenn immer möglich zu vermeiden. Sonst kann man nur noch reagieren und sich in Schadensbegrenzung üben.

Es ist empfehlenswert, sich permanent, frühzeitig und umfassend über die Entwicklung von internationalen Standards zu informieren. Diese sind bei der Formulierung der Geschäftspolitik in die Überlegungen einzubeziehen, womöglich auch zu antizipieren. Zumindest kann dies die Anpassungskosten reduzieren. Wenn sich internationale Standards durchsetzen, entstehen meist auch neue Marktnischen, andererseits können aber auch bestehende Märkte und Geschäftsfelder verschwinden. Das frühzeitige Erkennen von neuen Nischen ermöglicht eine erfolgreiche Neupositionierung.

Ein grosses Manko Liechtensteins war es, dass unser Land in Gremien nicht mitreden konnte, wo über uns entschieden wurde. Die Schweiz hat mehr Möglichkeiten, aktiv mitzugestalten, z.B. in der OECD oder der FATF. Es liegt im ureigensten Interesse eines Staates, die Chance einer möglichst frühzeitigen Mitgestaltung in den relevanten Gremien zu nutzen. Somit stellt es eine strategische Entscheidung dar, in welchen Institutionen man sich engagieren, vor allem aber, wo man mitbestimmen will. Weiters hat sich gezeigt, dass eine reine Konfrontationshaltung keine erfolgreiche Strategie sein kann. Vielmehr muss eine gesprächsbereite Haltung eingenommen werden, selbstverständlich unter Wahrung der eigenen Interessen.

Bei Drucksituationen, aber nicht nur hier, müssen Staat und Wirtschaft sehr eng zusammenarbeiten. Möglichst alle Sektoren und Wirtschaftsverbände sind zu involvieren, damit nicht Raum für innenpolitische Konfrontationen geöffnet wird. Die Privatwirtschaft hat mitunter ein besseres Sensorium für bestimmte Entwicklungen, andererseits braucht der Staat die Privaten für die Umsetzung von Massnahmen. Eine gegenseitige Vertrauensbasis von Staat und Wirtschaft führt zweifellos auch zu einer effizienteren und zielführenderen Reaktion auf externe Drucksituationen. Gegen aussen muss mit einer Stimme gesprochen werden, damit man nicht auseinander dividiert werden kann. Auch die Öffentlichkeitsarbeit ist in den Grundzügen gemeinsam zu gestalten.

Damit kommen wir zum eminent wichtigen Thema einer professionellen Kommunikation. Im Zeitalter der Medien sind die Finanzdienstleister verstärkt gefordert, ihre Anliegen zu kommunizieren und in die argumentative Waagschale zu werfen: „Tue Gutes und sprich darüber“. Sonst könnte sich die sonst übliche vornehme Zurückhaltung nicht nur für die im Finanzsektor Tätigen, sondern auch für die Volkswirtschaft insgesamt zum Nachteil auswirken. Die Medienarbeit ist offensiver zu gestalten, die legitimen Interessen und Wertvorstellungen sind aktiv zu kommunizieren. Vielleicht ist auch für uns die angelsächsische Art, mit Medien umzugehen, mehr als eine Überlegung wert. Medien sind gezielter als bisher als Partner zu behandeln. Kommunikation sollte nicht ein blosses Reagieren auf einzelne Ereignisse sein. Die Kommunikationsarbeit muss in einen konzeptionellen Ansatz integriert und als strategischer Erfolgsfaktor angesehen werden. Die Botschaften müssen nachhaltig bei den relevanten Dialoggruppen deponiert werden. Der Verbesserung des Images des Finanzplatzes muss hohe Priorität eingeräumt werden, und dies nicht nur im Ausland. Der Aufbau eines Netzwerkes ist systematisch voranzutreiben.

Beziehungen sind zu pflegen und auszubauen. Neben der Beschaffung von relevanten Informationen ist es vor allem der Zugang zu wichtigen nationalen und internationalen Entscheidungsträgern, was das Networking für eine zielgerichtete Arbeit unabdingbar macht. Mit einem Wort: „Wir brauchen Freunde in der Welt“, die unsere Anliegen verstehen und sie in ihre Entscheidungsfindung einfliessen lassen und uns mit wichtigen Informationen versorgen.

Im Weiteren ist ein „Issue Monitoring“ zu etablieren. Dieses dient der Identifikation von möglichen zukünftigen Problembereichen und zur Erarbeitung von entsprechenden Lösungswegen. Überhaupt ist der systematischen Beschäftigung mit Zukunftsfragen ein höherer Stellenwert beizumessen. Sowohl staatliche als auch private Institutionen müssen vermehrt in einer proaktiven Weise den Herausforderungen der Zukunft begegnen.

7 Ausblick auf die weitere Entwicklung

Wenn wir das Gesagte Revue passieren lassen, können wir davon ausgehen, dass sich die Rahmenbedingungen für den Finanzplatz Liechtenstein weiterhin ändern werden. Der internationale Druck dürfte sich wahrscheinlich noch verstärken. Der Strukturwandel in der Finanzbranche wird noch forciert. Generell kann von einer verschärften Wettbewerbssituation ausgegangen werden.

Stets gilt es, legitime Wertvorstellungen, Interessen und Positionen zu verteidigen. In diesem Zusammenhang bemerkte Regierungschef Otmar Hasler, dass Liechtenstein den Wettbewerb verschiedener Steuersysteme als legitim erachte und den Schutz der Privatsphäre als hohes Gut in der liechtensteinischen Rechtsordnung betrachte. So kann nach Ansicht Liechtensteins beispielsweise der von der OECD geforderte Informationsaustausch nur auf gefestigten internationalen Standards beruhen, welche die wichtigen Finanzzentren innerhalb und ausserhalb der OECD anerkennen und anwenden. Die Grundlage eines solchen Informationsaustausches sieht Liechtenstein in bilateralen völkerrechtlichen Verträgen zwischen souveränen Staaten. Dabei soll allgemein anerkannten Grundsätzen wie Gegenseitigkeit, Einhaltung ausreichender Standards auf dem Gebiet der Amtsverschwiegenheit, Daten- und Persönlichkeitsschutz entsprochen werden. Es müssen auch objektive, faire und transparente Prozesse in den internationalen Gremien eingefordert werden.

Derzeit befinden sich die internationalen Finanzmärkte in einem regelrechten Umbruch. Stichwortartig sei hier lediglich angeführt: die weltweite Vernetzung und Technologisierung des Bankgeschäfts, veränderte Kundenbedürfnisse, vom Verkäufer- zum Käufermarkt, usw. Hinzu kommt noch, dass sich die strukturellen Änderungen in einer schwierigen konjunkturellen Lage abspielen. Wie die Schweiz kann sich auch Liechtenstein diesen Entwicklungen nicht entziehen. Mit diesen Ausführungen möchte ich lediglich betonen, dass, unabhängig vom Druck auf das Bankkundengeheimnis, die Finanzbranche vor etlichen Herausforderungen steht. Es wäre deshalb fatal, die Geschäftsstrategien einzig und allein auf dem Weiterbestehen des Bankkundengeheimnisses aufzubauen. Die Anforderungen an die Finanzdienstleister steigen so oder so. Die Bedeutung des Offshore-Private Banking wird ab- und diejenige des Onshore-Private Banking zunehmen. Neben Kompetenz, Qualität, Sicherheit und Diskretion hat die Performance auch bei Privatkunden einen erhöhten Stellenwert. Eine umfassende Finanz-, Steuer- und Vorsorgeberatung muss zum Standardangebot eines jeden Finanzinstituts gehören. Ganz im Sinne des Schlagwortes: „Vom Private Banking zum Wealth Management“.

Es ist eine menschliche Eigenschaft, dass in Zeiten des Wandels zunächst die Risiken und Gefahren gesehen werden. Eine solche Situation muss aber gleichzeitig und vor allem als Chance wahrgenommen werden. Und es ist denn auch ungleich leichter in Zeiten des Umbruchs, bestimmte Innovations- und Dynamisierungsprozesse in Gang zu setzen. Dabei soll Bewährtes erhalten und allenfalls weiterentwickelt, vor allem aber sich bietende Möglichkeiten zur Neuorientierung am Schopf gepackt werden. Zumal sich Liechtenstein und sein Finanzplatz immer wieder den Herausforderungen der Zeit mit Geschick und der nötigen Portion Glück gestellt hat. Entscheidend ist, dass der Finanzplatz Liechtenstein den internationalen Entwicklungen offen begegnet und die notwendigen Innovationsprozesse zur strategischen Neupositionierung aktiv vorantreibt. Dazu ist eine offensive Denkhaltung unabdingbar. Hierzu ist aber auch eine umfassende Diskussion über die Rahmenbedingungen zu führen. So sind etwa neue Kern-Kompetenzen für den Finanzplatz aufzubauen. Es sind gezielte Anstrengungen zu unternehmen, um von der teilweise noch defensiven Denkhaltung wegzukommen.

Meiner Ansicht nach braucht es auch eine neue Qualität des Zusammenspiels von Staat und Finanzwirtschaft. Es sind Formen der Zusammenarbeit zu finden, welche den Erhalt bestehender und den Aufbau neuer strategischer Erfolgspositionen bestmöglich unterstützen. Nur so können wir im stets härter werdenden internationalen Standortwettbewerb mithalten.

Ich bin der Meinung, dass die Schweiz vor denselben Herausforderungen steht wie Liechtenstein – wenn auch die Schweiz ungleich grösser ist und ein anderes Gewicht in der Welt hat als Liechtenstein. Von der Ausgangssituation her sitzen die beiden Finanzplätze letztlich im gleichen Boot – denken wir nur schon an die identische Interessenlage bezüglich Bankkundengeheimnis.

Um den Kreis der Ausführungen zu schliessen, möchte ich meine eingangs gestellte These nochmals in Erinnerung rufen, nämlich: internationale politische Entwicklungen wirken sich immer direkter, schneller und fundamentaler auf das Wirtschaftsleben aus – insbesondere auf den Finanzsektor.

EU-Zinsenbesteuerung – eine Bestandesaufnahme aus liechtensteinischer Sicht*

Klaus Tschütscher

Dr.; Amtsleiter-Stellvertreter der Steuerverwaltung des Fürstentums Liechtenstein, Vaduz

1 Einleitung

Das Projekt, eine effektive Besteuerung auf den Zinserträgen von natürlichen Personen innerhalb der gesamten Europäischen Union (EU) einzuführen, ist im Gesamtzusammenhang der Bestrebungen der EU zur Errichtung eines einheitlichen, offenen Binnenmarktes und der Einführung des Euro als gemeinsame Währung für den EU-Raum zu sehen. Im Hinblick auf diese Grossprojekte der Union sollen Faktoren, die bei der Verwirklichung dieser Vorhaben als störend bzw. verzerrend empfunden werden, bekämpft werden, insbesondere auch im steuerlichen Bereich.

Das von der EU geplante Steuersicherungskonzept im Bereich der Zinserträge wirft eine grosse Zahl von Fragen auf. Hiervon ist auch Liechtenstein betroffen, will doch die EU auch bestimmte Drittstaaten, darunter Liechtenstein, in ihr System einbinden.

Im Folgenden soll zunächst ein chronologischer Überblick über die Bestrebungen der EU zur Einführung einer EU weiten Zinsenbesteuerung gemacht werden, dies unter besonderer Berücksichtigung der spezifischen Konzeption und Ausgestaltung des vorgesehenen Systems der Zinsenbesteuerung (2). Sodann wird auf die besondere Stellung der Drittstaaten in diesem System eingegangen (3), wobei die bisherige Haltung und Position Liechtensteins im Besonderen zur Sprache kommen soll (4). Schliesslich

---

* Dieser Aufsatz ist im Nachgang zu einem Vortrag des Autors anlässlich des BankingForum Liechtenstein vom 22. November 2002 geschrieben worden. Er berücksichtigt darüber hinaus die aktuellen Entwicklungen zur EU-Zinsenbesteuerung bis Ende März 2003.

folgen Ausführungen zum aktuellen Stand der Arbeiten in der EU (5) sowie Hinweise zu weiterhin offenen Fragestellungen (6).

2 Entwicklung der EU-Zinsenbesteuerung

2.1 Vom Koexistenzmodell zum Modell des automatischen Informationsaustausches – chronologischer Überblick

Die Bestrebungen der EU zur Einführung einer EU-weiten Zinsenbesteuerung reichen bis in die 80er Jahre zurück.[1] Auch in den 90er Jahren blieb das Projekt der Harmonisierung der Zinsenbesteuerung – wohl angetrieben durch die wachsenden Budgetprobleme der Mitgliedstaaten und in Anbetracht der nahenden Wirtschafts- und Währungsunion – als dringende Angelegenheit stets in den EU-Agenden. Mit Beschluss vom 1. Dezember 1997 einigte sich der Rat der Finanzminister der Mitgliedsländer der EU (Ecofin-Rat) auf ein „Massnahmenpaket zur Bekämpfung des schädlichen Steuerwettbewerbs in der Europäischen Union", welches im Hinblick auf den Binnenmarkt und die zu schaffende Währungsunion den als schädlich klassifizierten Wettbewerb im Bereich der steuerlichen Regelungen und Praktiken bekämpfen sollte. Dieses sog. Steuerpaket setzte sich aus drei Elementen zusammen, nämlich aus

- dem Verhaltenskodex zur Unternehmensbesteuerung[2],
- der Quellenbesteuerung auf konzerninternen Zinsen und Lizenzgebühren, und
- der Besteuerung von Zinserträgen,

wobei der Rat sich darauf einigte, dass keines der drei Elemente für sich allein, sondern nur alle gemeinsam (eben als Paket) beschlossen werden können.

Entsprechend dem vorgenannten Ratsbeschluss und dem in der Folge ergangenen Auftrag des Rates zur Erarbeitung eines Entwurfs für eine Richtlinie zur Besteuerung von Zinserträgen zwecks Vermeidung von uner-

---

[1] Vgl. insbesondere Richtlinienvorschlag für ein gemeinsames System einer Kapitalertragssteuer auf Zinsen vom 7. Juni 1989.

[2] Auch bekannt unter dem Titel „Code of Conduct".

wünschten Wettbewerbsverzerrungen im Finanzbereich, konnte die Kommission am 20. Mai 1998 den ersten „Vorschlag für eine Richtlinie zur Gewährleistung eines Minimums an effektiver Besteuerung von Zinserträgen innerhalb der Gemeinschaft" [KOM (1998) 295 endg.] vorlegen. Der Anwendungsbereich war dabei auf solche Zinszahlungen beschränkt, die in einem Mitgliedstaat an in einem anderen Mitgliedstaat ansässige natürliche Personen erfolgten. Als erster Schritt hierzu sollte das sog. Koexistenzmodell eingeführt werden, das den Mitgliedstaaten eine Wahl zwischen zwei Verfahren ermöglichte[3]. Demnach hätte ein Mitgliedstaat entweder eine Quellensteuer von den Zinserträgen einbehalten oder den anderen Mitgliedstaaten Informationen über diese Zinserträge übermitteln können; die Mitgliedstaaten sollten auch beide Modelle kombinieren können. Dieser erste Richtlinienvorschlag vom 20. Mai 1998 scheiterte schliesslich aber im Dezember 1999 am Widerstand Grossbritanniens.

In der Folge erfuhr das Modell der EU zur Gewährleistung eines Minimums an effektiver Besteuerung von Zinserträgen innerhalb der Gemeinschaft grundlegende Änderungen durch den Beschluss des Ecofin-Rates beim Treffen in Santa Maria da Feira am 19./20. Juni 2000. Mit diesem Beschluss wurde das Koexistenzmodell von der EU verworfen und als Grundsatz der künftig zu erlassenden Richtlinie zur Zinsenbesteuerung innerhalb der Union einzig der umfassende Informationsaustausch zwischen den Steuerbehörden des Staates der Zinsauszahlung und des Wohnsitzstaates des Zinsempfängers als Endziel festgelegt. Die Modalitäten des neuen Modells wurden durch einen weiteren Ratsbeschluss im November 2000 in Brüssel näher bestimmt. Mit Beschluss vom 18. Juli 2001 genehmigte die Kommission schliesslich den neuen – nach den Beschlüssen von Feira und Brüssel überarbeiteten – Text zum „Vorschlag für eine Richtlinie des Rates zur Gewährleistung einer effektiven Besteuerung von Zinserträgen innerhalb der Gemeinschaft [KOM (2001) 400 endg.]"[4]. Ausserdem wurde die Kommission vom Ecofin-Rat beauftragt, Verhandlungen mit bestimmten Drittstaaten[5] zwecks Einführung „gleichwertiger Massnahmen" aufzuneh-

[3] In genereller Hinsicht ist der Hinweis zu machen, dass zur Stellung der Besteuerung von Erträgen aus beweglichem Kapitalvermögen, wozu auch Zinserträge zählen, in den verschiedenen Steuerjurisdiktionen zwei Systeme entwickelt worden sind, nämlich das System der Quellen- bzw. Abzugssteuer einerseits und das System der Meldepflicht bzw. der Information an die Steuerbehörden anderseits.

[4] Dieser wird in diesem Aufsatz in der Folge als RL-Vorschlag 2001 bezeichnet.

[5] Es sind dies folgende Drittstaaten, welche ausdrücklich genannt wurden: Schweiz, Liechtenstein, Monaco, Andorra, San Marino und USA.

men, wohingegen die abhängigen und assoziierten Gebiete der EU-Mitgliedsländer[6] dieselben Massnahmen wie die EU-Mitgliedsländer selbst anwenden sollten. Der Fahrplan der EU sah vor, dass die Verhandlungen mit den Drittstaaten bis Ende des Jahres 2002 abgeschlossen und auch die Zusicherungen der abhängigen und assoziierten Gebiete bis zu diesem Zeitpunkt vorliegen sollten, so dass bis spätestens 31. Dezember 2002 über die Annahme und Durchführung der Richtlinie definitiv Beschluss gefasst werden könnte.

Wegen der erheblichen politischen Meinungsdifferenzen zwischen den EU-Mitgliedstaaten, zwischen den Mitgliedstaaten und ihren abhängigen und assoziierten Gebieten sowie wegen der schwierigen Einbindung der Drittstaaten in das Projekt konnte bis dato noch keine endgültige Einigung über die Richtlinie zur Zinsenbesteuerung erzielt werden. Am 21. Januar 2003 fassten die EU-Finanzminister immerhin in politischer Hinsicht einen Grundsatzbeschluss zu den künftigen Grundzügen der Zinsenbesteuerung mit einer um ein Jahr verspäteten Durchführung ab dem Jahre 2005 (vgl. Näheres dazu unter Punkt 5 und 6).

2.2 Zur Konzeption und Ausgestaltung der EU-Zinsenbesteuerung

Allgemeine Charakteristika

Die von der EU geplante Zinsenbesteuerung bezweckt die Sicherstellung der effektiven Besteuerung der Zinserträge von natürlichen Personen innerhalb des gesamten Gebietes der Europäischen Union[7]. Dieser Zweck soll – wie gesehen – grundsätzlich durch den umfangreichen automatischen Informationsaustausch über die grenzüberschreitenden Zinszahlungen zwischen den EU-Mitgliedstaaten erreicht werden. Lediglich Belgien, Luxemburg und Österreich ist es während eines gewissen Übergangszeit-

---

[6] Es sind dies: Jersey, Guernsey, Isle of Man, Gibraltar, Madeira, Britisch Virgin Islands, Niederländische Antillen.

[7] Vgl. Art. 1 RL-Vorschlag 2001, welcher die Zielsetzung der EU wie folgt umschreibt: „Die Mitgliedstaaten treffen die erforderlichen Massnahmen, um ein Minimum an effektiver Besteuerung der Zinszahlungen an natürliche Personen zu gewährleisten, die ihren steuerlichen Wohnsitz in einem anderen Mitgliedstaat als demjenigen haben, in dem die Zahlung durch eine Zahlstelle erfolgt."

raumes gestattet, auf Informationserteilung zu verzichten und stattdessen eine Quellensteuer zu erheben[8].

Als die wesentlichen Charakteristika der Konzeption der EU-Zinsenbesteuerung sind das Zahlstellenprinzip, der Informationsaustausch[9] sowie die sachliche Beschränkung auf Zinszahlungen zu nennen. In concreto bedeutet dies, dass gemäss der Konzeption der EU von der Sicherstellung der Besteuerung

- nur Zinsen erfasst sind,
- und zwar nur solche, welche von einer Zahlstelle mit Sitz in der EU ausgerichtet werden,
- und dies nur dann, wenn diese einem Empfänger mit Ansässigkeit in einem anderen Mitgliedstaat als demjenigen, in welchem die Zahlstelle ihren Sitz hat, zufliessen,
- wobei der Empfänger eine natürliche Person sein muss, welche zugleich Endempfänger der Zinszahlung („wirtschaftlicher Eigentümer“) ist.

Der Geltungsbereich der geplanten Zinsenbesteuerung beschränkt sich – wie soeben dargestellt – auf grenzüberschreitende Zinszahlungen in der EU und lässt die innerstaatlichen Regelungen der Mitgliedstaaten über die Besteuerung von Zinserträgen unberührt. Jedoch kommt es für die Anwendbarkeit der EU-Zinsenbesteuerung nicht auf die Herkunft der Zinsen an, d.h. erfasst sind sämtliche innerhalb der EU geleisteten grenzüberschreitenden Zinszahlungen unabhängig davon, wo sich der Emittent der zinstragenden Forderung niedergelassen hat (innerhalb oder ausserhalb der EU).

Wegen der geschilderten selektiven Ausgestaltung des von der EU forcierten Systems der Zinsenbesteuerung kommt die Einführung einer Besteuerung nach dem Schuldnerprinzip[10] für die EU nicht in Frage, denn damit wären

---

[8] Vgl. Art. 10 RL-Vorschlag 2001.

[9] Dazu Näheres unter Punkt 2.3.

[10] Das Schuldnerprinzip liegt beispielsweise der schweizerischen Verrechnungssteuer oder aber auch der liechtensteinischen Couponsteuer als Anknüpfungspunkt zugrunde.

nur die von innerhalb des EU-Gebietes ansässigen Schuldnern ausgerichteten Zinsen erfassbar, nicht aber Zinserträge aus EU-externen Quellen. Ausserdem wäre auch die vorgesehene selektive Kontrolle, nämlich die Einschränkung auf natürliche Personen als Endempfänger, beim Zinsschuldner wegen der diesem fehlenden Informationen nicht durchführbar. Daher ist es zwingend (quasi systeminhärent), dass die Kontrolle auf Zahlstellen übertragen wird.

Die zentralen Elemente der EU-Zinsenbesteuerung

Wie bei jedem Besteuerungsverhältnis kann man auch bei der EU-Zinsenbesteuerung einen persönlichen und einen sachlichen Anwendungsbereich der Besteuerung ausmachen. Hinsichtlich des persönlichen Anwendungsbereichs sind einerseits die Zahlstelle und anderseits der Empfänger einer näheren Betrachtung zu unterziehen; in sachlicher Hinsicht kommt der Definition des Begriffs Zinsen entscheidende Bedeutung zu. Die genannten drei zentralen Elemente der EU-Zinsenbesteuerung (Zahlstelle, Leistungsempfänger, Zinsen) sollen im Folgenden kurz dargestellt werden.

a) Zahlstelle

Als Zahlstelle gilt gemäss Art. 4 RL-Vorschlag 2001 jeder Wirtschaftsbeteiligte, der dem wirtschaftlichen Eigentümer Zinsen zahlt oder eine Zinszahlung zu dessen unmittelbaren Gunsten einzieht. Ein Wirtschaftsbeteiligter ist dabei jegliche natürliche oder juristische Person, die in Ausübung ihres Berufs oder ihres Gewerbes Zinszahlungen tätigt[11].

Mit dieser Definition soll gewährleistet werden, dass in jeglicher Kette von Intermediären, welche im Prozess der Weiterleitung von Zinsen eine bestimmte Funktion wahrnehmen, nur eine einzige Stelle als Zahlstelle identifiziert werden kann. Leistet also der Schuldner Zinszahlungen direkt an den wirtschaftlichen Eigentümer, so gilt der Schuldner als Zahlstelle. Erfolgt die Zinszahlung hingegen über mehrere Intermediäre, die vom Schuldner oder vom Zinsempfänger als Endempfänger mit der Zahlung oder Einziehung von Zinsen beauftragt sind, so gilt nur der letzte Inter-

[11] Art. 4 Abs. 2 RL-Vorschlag 2001 erweitert die Definition der Zahlstelle im Sinne eines Auffangtatbestands. Eine von dieser Bestimmung erfasste Einrichtung gilt bereits bei der Vereinnahmung der Zinsen als Zahlstelle und nicht erst bei deren Auszahlung an einen wirtschaftlichen Eigentümer.

mediär, der die Zinsen direkt an den Endempfänger zahlt oder sie zu dessen unmittelbaren Gunsten einzieht, als Zahlstelle.

An diesem Punkt zeigt sich nun aber auch die grösste Schwäche in der Konzeption und Systemgestaltung der EU-Zinsenbesteuerung, nämlich die leichte Verlagerbarkeit der Zahlstelle. Denn der Empfänger der steuerbaren Zinserträge kann sich ohne weiteres und praktisch nach Belieben der Besteuerung durch Verlagerung der massgeblichen Zahlstelle ausserhalb des Geltungsbereichs der Richtlinie der Besteuerung entziehen. Diese „Systemschwäche" liegt im wesentlichen darin begründet, dass die subjektive Steuerpflicht der EU-Zinsenbesteuerung bei der Zahlstelle ansetzt und diese – anders als beim Schuldnerprinzip – nicht an eine Eigenschaft (Schuldner), sondern an eine Funktion (Zahlstelle) anknüpft, welche sich mangels Ortsgebundenheit derselben leicht ausserhalb des geographischen Geltungsbereichs der Zahlstellensteuer transferieren lässt. Anzumerken ist, dass die genannte Schwäche in der Konzeption der EU-Zinsenbesteuerung systeminhärent ist und deshalb unabhängig davon besteht, ob die Zahlstellen ihre Steuerpflicht durch einen Abzug von der steuerbaren Leistung (Quellenbesteuerung, Steuerrückbehalt) oder eine Verfahrenspflicht durch Meldung der steuerbaren Leistung (Informationsaustausch) zu erfüllen haben.

b) Leistungsempfänger (wirtschaftlicher Eigentümer)

Als Zinsempfänger, in der Terminologie von Art. 2 RL-Vorschlag 2001 als „wirtschaftlicher Eigentümer" bezeichnet, gilt jede natürliche Person, die eine Zinszahlung für sich selbst vereinnahmt, wobei es unerheblich ist, ob es sich dabei um gewerbliches Einkommen oder um private Kapitalerträge des Empfängers handelt. Dabei wird davon ausgegangen, dass der Empfänger einer Zinszahlung als wirtschaftlicher Eigentümer angesehen wird, ausser er kann nachweisen, dass er die Zahlung nicht für sich selbst vereinnahmt hat. Ferner gilt der Empfänger dann nicht als wirtschaftlicher Eigentümer, wenn er beispielsweise im Auftrag einer juristischen Person handelt.

Die Qualifikation des wirtschaftlichen Eigentümers wird – wie gesehen – auf natürliche Personen" begrenzt. Die diesbezüglichen Mindestanforderungen hinsichtlich der Feststellung der Identität und des Wohnsitzes des wirtschaftlichen Eigentümers finden sich in Art. 3 RL-Vorschlag 2001.

Im RL-Vorschlag 2001 nicht näher behandelt wird aber insbesondere die Frage, wie Personengesamtheiten aller Art ohne Rechtspersönlichkeit (wie beispielsweise Erbengemeinschaften, Personengesellschaften, usw.) oder Trusts und ähnliche Institutionen zu behandeln sind. Ungeklärt ist dabei nicht nur die Behandlung von Personengesamtheiten als solche, sondern in Konsequenz auch die Frage, an welchem Ort bei diesen anzuknüpfen wäre.

c) Definition des Zinses

Bei der Definition von Zinszahlungen, d.h. von Forderungen, deren Zinsen der Besteuerung unterliegen, orientiert sich der Richtlinienvorschlag (Art. 6 RL-Vorschlag 2001) zunächst an der entsprechenden Definition von Zinsen in Art. 11 Abs. 3 des OECD-Musterabkommens über Einkommens- und Vermögenssteuern. Erfasst werden somit Bareinlagen und Barsicherheiten, aber auch alle Arten von Firmen- und Staatsanleihen, Schuldverschreibungen und ähnliche umlauffähige Schuldtitel. Auch Anleihen, die ein Beteiligungsrecht am Gewinn des Schuldners verbriefen, gelten als zinstragende Papiere (ausser bei tatsächlichem anteiligem Risiko)[12].

Die Definition der Zinszahlungen gemäss Art. 6 RL-Vorschlag 2001 wird jedenfalls mit verschiedenen Vollzugsproblemen behaftet sein. So setzt sich der Richtlinienvorschlag beispielsweise nicht mit der Frage strukturierter Finanzprodukte, insbesondere Zinsderivaten auseinander, womit in der Praxis Abgrenzungsfragen vorgezeichnet sind. Ein zweites Vollzugsproblem zeigt sich bei den Anlagefonds, und dies nicht allein aufgrund der unterschiedlichen Behandlung von ausschüttenden und thesaurierenden Anlagefonds[13], sondern vor allem auch wegen der komplexen Regelung hinsichtlich der Beurteilung der Zinsausrichtung von Anlagefonds bzw. anderer Instrumente der kollektiven Vermögensanlage, was komplizierte Entscheidverfahren bedingen wird.

Schliesslich ist im Zusammenhang mit den Zinszahlungen die in Art. 15 RL-Vorschlag 2001 aufgenommene „grandfathering clause“ zu beachten, welche Zinsen bestimmter Schuldtitel für eine gewisse Zeit von der Besteuerung ausnimmt; auch die „grandfathering clause“ wird zu Vollzugsproblemen für die Zahlstellen führen.

---

[12] Nicht als Zinsen qualifizieren andere Kapitalerträge wie etwa Dividenden. Es wird deshalb wohl ein starker Anreiz entstehen, Anlagen mit zinsabwerfenden Erträgen in Anlagen mit Beteiligungserträgen zu transformieren.

[13] Siehe Art. 6 Abs. 1 Bst. c und d RL-Vorschlag 2001.

2.3 Zum automatischen Informationsaustausch im Besonderen

Wie bereits an anderer Stelle ausgeführt[14], soll die EU-Zinsenbesteuerung in der Ausgestaltung des Zahlstellenprinzips grundsätzlich durch ein System des automatischen Informationsaustausches gewährleistet werden. Bezüglich des vorgesehenen Informationsaustausches regelt der Richtlinienvorschlag – unter Beachtung des Subsidiaritätsprinzips –, welche Informationen die Zahlstelle dem Mitgliedstaat ihrer Niederlassung mindestens übermitteln muss. Den Mitgliedstaaten steht es frei, in ihrem eigenen Gebiet den Zahlstellen über diese Mindestinformation hinausgehende Informationspflichten aufzuerlegen. Im Interesse der Erhaltung der Wettbewerbsfähigkeit der Finanzmärkte in der EU dürfen diese höheren Anforderungen jedoch für die Beteiligten nicht zu aufwendig sein.

Demnach hat die Zahlstelle der zuständigen Behörde des Mitgliedstaates ihrer Niederlassung jedenfalls die Mindestangaben zu übermitteln, die in Art. 8 Abs. 1 RL-Vorschlag 2001 aufgezählt werden[15].

Der Mitgliedstaat hat sodann die Informationen, die er (die zuständigen Behörden) von den in ihrem Gebiet niedergelassenen Zahlstellen erhalten hat, an den anderen Mitgliedstaat weiterzuleiten, in dem der wirtschaftliche Eigentümer der Zinszahlung ansässig ist. Die Informationen sind grundsätzlich automatisch zu übermitteln, und zwar mindestens einmal jährlich innerhalb von sechs Monaten nach dem Ende des Steuerjahres des Mitgliedstaates, in welchem die Zahlstelle niedergelassen ist.

3 Die besondere Stellung von Drittstaaten im System der EU-Zinsenbesteuerung

Da die Beeinflussung von wirtschaftlichen Prozessen im EU-Raum auch durch Umstände ausserhalb der Union, insbesondere durch die unmittelbaren Nachbarländer und die wichtigsten Handelspartner der Union, er-

[14] Vgl. oben Punkt 2.1 und 2.2.

[15] Es sind dies: Identität und Wohnsitz des gemäss Art. 3 RL-Vorschlag 2001 festgestellten wirtschaftlichen Eigentümers; Name und Anschrift der Zahlstelle; Kontonummer des wirtschaftlichen Eigentümers oder mangels einer Kontonummer die Kennzeichnung der Forderungen, aus denen die Zinsen herrühren; Angaben zur Zinszahlung.

folgen kann, ist die Einbindung dieser Staaten ausserhalb der Union, der sog. „Drittstaaten", in EU-Projekte aus der Sicht der Union sinnvoll. In Bezug auf die Einführung der Zinsenbesteuerung ist dies nach Auffassung der EU besonders angezeigt, da die Kapitalmärkte heute international als äusserst beweglich gelten. Zudem kann eine EU-weite Zinsenbesteuerung, die nach dem Zahlstellenprinzip konzipiert ist, ihr Ziel nur erreichen, wenn der Empfänger der steuerbaren Kapitalerträge keine Möglichkeit hat, sich der Steuer durch Verlagerung der massgeblichen Zahlstelle ausserhalb des Geltungsbereichs der Steuer zu entziehen[16].

Aus diesem Grund war die EU bei ihrem Projekt der Zinsenbesteuerung von Anfang an[17] daran interessiert, die europäischen Nachbarländer Schweiz, Liechtenstein, Andorra, Monaco und San Marino sowie die USA als wichtigsten Handelspartner der Union in Regelungen einzubinden, welche eine Umgehung oder Vermeidung der in der EU vorgesehenen Zinsenbesteuerung verhindern sollten[18,19]. Die Drittstaaten sollten sich daher bereit erklären, in ihren Gebieten sog. „gleichwertige" Massnahmen einzuführen, d.h. Massnahmen, die mit der von der EU geplanten Zinsenbesteuerung in dem Sinn „gleichwertig" sind, dass sie geeignet sind, eine Umgehung der in der EU vorgesehenen Besteuerung (im Gebiet des betreffenden Drittstaates) zu verhindern[20]. Gleichzeitig haben

---

16 Siehe dazu Punkt 2.2a).

17 So ausdrücklich bereits in Art. 11 des ersten Richtlinienvorschlags vom 20. Mai 1998.

18 Im RL-Vorschlag 2001 wird in der Begründung (bei den Erwägungen zur Einführung unter Ziffer 3) ausdrücklich festgehalten, dass die EU mit ihren wichtigsten Handelspartnern unter den Drittstaaten Verhandlungen einleiten werde, um die effektive Besteuerung jener Zinserträge sicherzustellen, die von Zahlstellen in diesen Drittländern an in der EU ansässige Zinsempfänger ausbezahlt werden.

19 Dementsprechend verabschiedete der Ecofin-Rat am 16. Oktober 2001 in Luxemburg formell das Verhandlungsmandat für jene Verhandlungen, die die EU mit den Drittstaaten Schweiz, Liechtenstein, Monaco, Andorra, San Marino und den USA über die Zinsenbesteuerung führen sollte. Ziel der Verhandlungen sollte es sein, ausreichende Zusagen dieser Staaten zur Anwendung von Massnahmen zu erhalten, die dem System des Informationsaustausches „gleichwertig" seien.

20 Eine eigentliche Definition , was als „gleichwertig" angesehen wurde, war jedoch weder den Beschlüssen von Feira und Brüssel noch dem RL-Vorschlag 2001 zu entnehmen.

sich die Mitgliedstaaten bekanntermassen verpflichtet, darauf hinzuwirken, dass in all ihren abhängigen und assoziierten Gebieten „gleiche“ Massnahmen eingeführt werden.

4 Die Haltung und Position Liechtensteins

4.1 Liechtenstein als Drittstaat

Das von der EU geplante Zinsenbesteuerungskonzept greift – wie gesehen[21] – nur dann wirksam, wenn eine Umgehung durch die Verlagerung der Zahlstelle aus dem EU-Raum hinaus in Nicht-EU-Mitgliedstaaten – Drittstaaten und abhängige sowie assoziierte Gebiete der Mitgliedstaaten – verhindert wird. Wie jeder andere Drittstaat oder die abhängigen und assoziierten Gebiete von EU-Mitgliedstaaten stellt auch Liechtenstein im durch die EU-Zinsenbesteuerung angestrebten Sicherungsdispositiv eine Lücke dar, wenn eine liechtensteinische Zahlstelle einem in der EU ansässigen Empfänger, der eine natürliche Person ist, eine vom sachlichen Anwendungsbereich der Richtlinie erfasste Zinszahlung unmittelbar für dessen Rechnung entrichtet. Anzumerken ist, dass die Lücke seitens Liechtenstein dabei in sachlicher Hinsicht umfassender ist als diejenige der Schweiz, da Liechtenstein im Unterschied zur Schweiz im Bereiche der Besteuerung von Kapitalerträgnissen grundsätzlich keine Quellensteuer auf inländischen Quellen (vergleichbar der schweizerischen Verrechnungssteuer) kennt[22].

4.2 Haltung Liechtensteins im Grundsätzlichen

Die Haltung Liechtensteins gegenüber den Bestrebungen der EU zur Einführung einer effektiven Zinsenbesteuerung waren von Anfang an[23] einer-

---

[21] Siehe dazu Punkt 2.2a).

[22] Mit Bezug auf Zinsen aus schweizerischen Quellen stellt die Schweiz im System der EU-Zinsenbesteuerung grundsätzlich kein „Schlupfloch“ dar, weil diese in sachlicher Hinsicht praktisch lückenlos sämtliche Zinsen und zwar unabhängig der Identität und des Wohnsitzes des Empfängers durch die schweizerische Verrechnungssteuer in Höhe von 35% erfasst sind.

[23] Erste Sondierungsgespräche (zum ersten Richtlinienvorschlag vom 20. Mai 1998) zwischen der EU und Liechtenstein fanden im Jahre 1999 statt. Formelle Verhandlungen (auf der Basis der von beiden Seiten verabschiedeten Verhandlungsmandate) wurden erst im Jahre 2002 aufgenommen.

seits durch grosse Skepsis geprägt, weil damit ein Projekt zur Steuerharmonisierung von aussen an das Land herangetragen wird. Anderseits hat sich Liechtenstein der Diskussion um die EU-Zinsenbesteuerung jedoch auch zu keinem Zeitpunkt verschlossen, sondern stets den Standpunkt eingenommen, dass es nicht im Interesse Liechtensteins liegt, Geschäfte anzuziehen, die darauf angelegt sind, eine allfällige EU-Regelung zur Zinsenbesteuerung zu umgehen.

Als wesentlichste Kernpunkte der Haltung Liechtensteins gegenüber der Einführung einer EU-Zinsenbesteuerung mit gleichzeitiger Verpflichtung von Drittstaaten, flankierend sog. „gleichwertige" Massnahmen in ihrem Gebiet durchzuführen, kann anhand der bisherigen, offiziellen Verlautbarungen[24] Folgendes zusammenfassend festgehalten werden:

- Liechtenstein hat – in Anbetracht der guten Kontakte mit der EU – seine Dialogbereitschaft zu diesem Steuerprojekt gegenüber der EU bekundet. Liechtenstein führt diesen Dialog allerdings als Drittstaat, der in keiner Weise an der Erarbeitung und der Entscheidungsfindung dieses EU-Projektes beteiligt gewesen ist. Auf keinen Fall scheint Liechtenstein deshalb bereit, die EU-Regelungen als solche zu übernehmen, sondern allenfalls Regelungen im Sinne eines „courant normal" einzuführen. Das Modell eines automatischen Informationsaustausches scheidet dabei von vorneherein als möglicher Lösungsansatz aus, weil sich dieser – wie in der Schweiz – nicht mit dem im liechtensteinischen Rechtssystem tief verwurzelten Bankgeheimnis in Einklang bringen lässt und folglich ausserhalb des politisch Machbaren liegt.

- Das Anliegen der EU kann aus Sicht Liechtensteins nur die Zielsetzung beinhalten, eine erhebliche Kapitalverlagerung als Folge der besprochenen Steuermassnahmen aus dem EU-Raum in Drittstaaten zu verhindern. Der zwischen Liechtenstein und der EU zu führende Dialog und eine eventuelle staatsvertragliche Vereinbarung als Ergebnis dieser Gespräche darf sich daher nicht nachteilig auf die wirtschaftliche Entwicklung Liechtensteins auswirken. Die

---

[24] Vgl. unter anderem die Ausführungen von Regierungschef Otmar Hasler anlässlich des Pressegesprächs der liechtensteinischen Regierung vom 16. Oktober 2002, wiedergegeben in Liechtensteiner Vaterland vom 17. Oktober 2002, sowie das Interview von S.D. Prinz Nikolaus von Liechtenstein, liechtensteinischer Delegationsleiter bei den Verhandlungen über die EU-Zinsenbesteuerung, mit Reuters News vom 10. Dezember 2002.

Wahrung der eigenen Konkurrenzfähigkeit und die weiterhin kontinuierliche Entwicklung des Wirtschaftsstandorts Liechtenstein müssen entsprechend Beachtung finden. Das Mitmachen der abhängigen und assoziierten Gebiete der EU-Mitgliedstaaten sowie der anderen Drittstaaten muss folglich in diesem Zusammenhang gesichert sein, die Ausdehnung des geographischen Wirkungsraums seitens der EU auf andere Drittstaaten und Finanzplätze im Sinne politischer Akzeptanz angestrebt und betont werden.

4.3 „Liechtensteinische Zahlstellensteuer" als Lösungsansatz

Ausgehend von dem eben Gesagten ist in Liechtenstein – analog zu den entsprechenden Arbeiten in der Schweiz[25] – die Möglichkeit der Einführung einer sog. Zahlstellensteuer auf der Basis eines Systems der Quellensteuer als gleichwertige Massnahme geprüft worden[26,27]. Zweck einer

---

[25] Der schweizerische Bundesrat hat am 13. März 2000 das Eidgenössische Finanzdepartement beauftragt, eine Machbarkeitsstudie betreffend eine Zahlstellensteuer auf ausländischen Zinserträgen zu erstellen. Die von der damit beauftragten Arbeitsgruppe erstellte „Technische Machbarkeitsstudie einer Zahlstellensteuer" ist am 31. Januar 2001 vorgelegt worden. Die Arbeitsgruppe gelangte zum Schluss, dass als Lösung zur Schliessung der „Lücke Schweiz" im System der EU-Zinsenbesteuerung einzig eine solche auf staatsvertraglicher Basis in Frage kommt, welche – in Ergänzung zur bestehenden Verrechnungssteuer – schweizerische Zahlstellen verpflichtet, auf Zinsen ausländischer Kapitalanlagen einen Steuerrückbehalt vorzunehmen.

[26] Die liechtensteinische Regierung hat mit Beschluss vom 28. November 2001 hierfür ebenfalls eine Arbeitsgruppe eingesetzt.

[27] Bei der Prüfung der Machbarkeit einer liechtensteinischen Zahlstellensteuer ist das diesbezüglich von der Schweiz erarbeitete Lösungskonzept von Bedeutung (siehe FN 25). Denn bekanntermassen verbindet Liechtenstein mit der Schweiz seit jeher eine tiefe politische, insbesondere wirtschaftspolitische Zusammenarbeit (vor allem über die Zoll- und Währungsunion). Im weiteren stehen die Schweiz und Liechtenstein bei der Erarbeitung eines möglichen Lösungskonzepts vor der gleichen gemeinsamen Herausforderung, nämlich: beide Staaten wollen unter keinen Umständen das Bankgeheimnis aufgeben bzw. aufweichen. Im übrigen unterscheidet sich das liechtensteinische Umfeld hinsichtlich der Ausgangslage aber doch wesentlich vom schweizerischen. So kennt Liechtenstein im Unterschied zur Schweiz insbesondere keine substantielle Quellensteuer auf inländischen Zinsquellen und die Bindungen Liechtensteins im Bereiche der Doppelbesteuerungsabkommen sind gering, wohingegen die Schweiz mit allen EU-Staaten ein DBA abgeschlossen hat. Eine integrale

solchen Zahlstellensteuer soll sein, Zinszahlungen, die von einer liechtensteinischen Zahlstelle an eine natürliche Person mit Ansässigkeit in der EU entrichtet werden, steuerlich zu erfassen, indem durch eine staatsvertragliche Vereinbarung zwischen Liechtenstein und der EU die liechtensteinischen Zahlstellen einer identischen steuerlichen Verpflichtung wie die EU-Zahlstellen unterworfen werden. Dadurch würde die EU-Zinsenbesteuerung auf das Hoheitsgebiet Liechtensteins ausgedehnt und es wäre die Lücke, die Liechtenstein im geographischen Geltungsbereich der EU-Zinsenbesteuerung darstellt, geschlossen.

Rechtlich handelte es sich bei der „Zahlstellensteuer" dabei nicht um die Schaffung einer neuen liechtensteinischen Steuer, sondern vielmehr um eine verfahrensmässige Hilfe zum Vollzug der EU-Zinsenbesteuerung durch Liechtenstein auf Basis eines Steuerrückbehalts (Quellensteuer). Mit einem solchen Ansatz soll eine an der Konzeption der EU sich orientierende und zugleich sich auch darauf beschränkende Lösung angestrebt werden: Liechtensteinische Zahlstellen werden derselben Verpflichtung unterworfen wie EU-Zahlstellen, d.h. sie müssen auf Zinszahlungen, die der EU-Zinsenbesteuerung unterworfen sind, einen Steuerabzug (Rückbehalt) vornehmen, sofern sie die letzte Zahlstelle sind und die Zinszahlung an eine in der EU ansässige natürliche Person als Endempfänger der Zahlung erfolgt.

Aus Sicht eines Kleinstaates wie Liechtenstein sind im Hinblick auf die Machbarkeit einer Zahlstellensteuer nicht nur die politischen und rechtlichen Anforderungen zu beachten, sondern es dürfen vor allem auch die Prinzipien der Praktikabilität (aus Sicht der betroffenen Zahlstellen) und der Vollziehbarkeit (für die damit befassten Behörden) der notwendigen Massnahmen nicht ausser Acht gelassen werden. In diesem Zusammenhang sind hinsichtlich der Einführung einer praktikablen und vollziehbaren Zahlstellensteuer vor allem zu den oben dargestellten, zentralen Elementen des EU-Zinsen-Besteuerungskonzepts (Zahlstelle, Leistungsempfänger, Zins)[28] folgende Bemerkungen anzubringen:

- Die Ausführungen zur Definition des Zahlstellenbegriffs haben gezeigt, dass diese eine offene und weite Formulierung beinhaltet. Diese offene und weite Formulierung berücksichtigt dabei die Tatsache zu wenig, dass die Zahlstellendefinition an verschiedene

---

Übernahme des von der Schweiz vorgeschlagenen Konzepts einer Zahlstellensteuer ist für Liechtenstein deshalb nicht möglich.

[28] Siehe dazu oben Punkt 2.2.

Funktionen anknüpfen kann. Die Definition enthält deshalb nicht nur ein erhebliches Umgehungspotential, sondern birgt ausserdem das Risiko in sich, dass Personen als Zahlstelle qualifizieren, ohne dass dies für sie erkennbar ist. Zum Schutz von Personen, welche die Anforderungen an eine Zahlstelle mitunter zwar theoretisch erfüllen könnten, denen diese Zahlstelleneigenschaft aber gar nicht erkennbar ist, muss deshalb eine klare, eben praktikable Zahlstellendefinition im Sinne professioneller, d.h. klar gewerbsmässiger Tätigkeit Platz greifen.

- Hinsichtlich der Einführung einer praktikablen Zahlstellensteuer ist mit Bezug auf den Begriff des wirtschaftlichen Eigentümers (Zinsempfängers) zu fordern, dass dessen persönliche und örtliche Anknüpfung klar und eindeutig definiert werden. Gleiches gilt für die diesbezüglich vorgesehenen Recherchierungspflichten einer Zahlstelle[29].

- Sodann ist anzumerken, dass eine optimale Bestimmung des Steuerobjekts „Zinszahlungen" nur im Zusammenhang mit der Umschreibung der subjektiven Steuerpflicht der Zahlstelle sowie aus Sicht der Zahlstellen selbst erfolgen kann. Wesentliche Kriterien für die Definition der Zinszahlungen sollten daher die Erkennbarkeit und Beurteilbarkeit der zinsabwerfenden Anlage bzw. der daraus fliessenden Erträge aus Sicht der Zahlstelle sowie die diesbezügliche Kontrollierbarkeit aus Sicht der Steuerbehörden bilden.

Abschliessend darf auch nicht übersehen werden, dass die Einführung einer Zahlstellensteuer mit Einbindung von erheblichen zeitlichen Ressourcen und hohen Kosten verbunden sein wird. So werden einerseits die abrechnungspflichtigen Zahlstellen vor allem mit Implementierungskosten hinsichtlich Anpassung und Unterhalt der EDV-Systeme sowie Mehraufwendungen bezüglich Produktenklassifizierungen, Kundenidentifikation und Kundendokumentation belastet sein, anderseits sind die zuständigen staatlichen Behörden unter anderem verpflichtet, die Abrechnung des Steueraufkommens mit der EU bzw. den einzelnen EU-Mitgliedsländern, die Systemeinführung sowie Durchführungskontrollen vorzunehmen.

[29] Vgl. dazu Art. 2 Abs. 2 RL-Vorschlag 2001.

5 Aktueller Stand der Arbeiten in der EU

5.1 Keine Verabschiedung einer definitiven Richtlinie bis Ende 2002

Sowohl die Gespräche der EU-Kommission mit den Drittstaaten als auch die „Überzeugungsarbeit" der Mitgliedstaaten mit ihren abhängigen und assoziierten Gebieten gestalteten sich schwieriger als erwartet. Zu stark war und ist die Besorgnis in diesen Staaten und Gebieten, durch den mit der Einführung der von der EU geforderten Massnahmen verbundenen Kapitalabfluss in Staaten, die von der Richtlinie nicht betroffen sind, erhebliche finanzielle Einbussen zu erleiden und im internationalen Finanzgeschäft nicht mehr wettbewerbsfähig zu sein.

Insbesondere die Schweiz sah sich jedoch eines vermehrten Drucks seitens der EU ausgesetzt, zum einen, weil die Schweiz ihre Zustimmung zum Projekt der Zinsenbesteuerung mit dem weitestgehend gleichzeitigen Abschluss aller Verhandlungen der bilateralen Abkommen II verknüpfte und zum anderen, weil die Drittstaaten – mit Ausnahme der USA – ihre Zugeständnisse an die EU vom Abschluss einer Vereinbarung der EU mit der Schweiz abhängig machten.

Aufgrund dieser und anderer Schwierigkeiten war es nicht verwunderlich, dass der ursprüngliche Zeitplan – Verabschiedung der definitiven Richtlinie zur Zinsenbesteuerung bis spätestens Ende Dezember 2002[30] – von der EU nicht eingehalten werden konnte.

5.2 Eckpunkte der Einigung vom 21. Januar 2003

Aufgrund der Nichteinigung bis zum Ende des Jahres 2002 sah sich die EU unter erheblichem Zeit- und auch politischem Druck, wollte sie nicht riskieren, dass sich das Projekt der Zinsenbesteuerung auf unbestimmte und ungewisse Zeit hinauszögerte. Nach intensiven Verhandlungen einigte sich der Rat der EU-Finanzminister (Ecofin-Rat) schliesslich am 21. Januar 2003 in einem internen politischen Grundsatzbeschluss zu den künftigen Grundzüge zur grenzüberschreitenden Zinsenbesteuerung.

---

30 Vgl. oben Punkt 2.1.

Zunächst halten die Finanzminister in ihrem Beschluss fest, dass der automatische Informationsaustausch weiterhin das erklärte Ziel der EU ist. Und wie in den bisherigen Richtlinienvorschlägen wird das Inkrafttreten einer noch definitiv zu erlassenden Richtlinie auch weiterhin davon abhängig gemacht, dass die bekannten sechs Drittstaaten gleichwertige Massnahmen ergreifen. Diese Bedingung wird als von den USA bereits erfüllt angesehen[31].

Mit Bezug auf die Schweiz (als wohl wichtigsten Drittstaat) sollen die nachstehend genannten Elemente als „gleichwertige" Massnahmen gelten und Grundlage für ein Abkommen bilden[32]:

1. Einführung eines Systems der Quellensteuer- bzw. des Steuerrückbehalts auf jeglichen Zinszahlungen analog zu Belgien, Luxemburg und Österreich, wobei die Steuersätze gestaffelt bzw. schrittweise von 15 % ab dem 1. Januar 2004, auf 20 % ab dem 1. Januar 2007 und schliesslich auf 35 % ab dem 1. Januar 2010 angehoben werden.

   Der Ertrag des Steuerrückbehalts fällt in einer noch festzulegenden Höhe, mindestens jedoch zu 75% dem jeweiligen Wohnsitzstaat des Zinsempfängers zu.

2. Das Quellensteuersystem ist durch einen freiwilligen Informationsaustausch zu ergänzen, demnach ein Zinsempfänger zwischen dem Steuerrückbehalt und einer Meldung an die Steuerbehörde seines Wohnsitzstaates wählen kann.

3. Das Abkommen hat zwingend eine Überprüfungsklausel (sog. review clause) zu enthalten.

4. Die Schweiz sei darüber hinaus zu verpflichten, Informationsaustausch auf Anfrage bei „Steuerbetrug und ähnlichem" im Rahmen bilateraler Abkommen mit den EU-Mitgliedstaaten zu gewähren.

---

[31] Zu dieser Auffassung gelangte der Ecofin-Rat auf der Grundlage eines Berichts der Kommission über Verhandlungen mit Drittstaaten über die Besteuerung von Zinserträgen vom 27. November 2002.

[32] Diese Elemente entsprechen weitestgehend dem zu diesem Zeitpunkt vorhandenen Verhandlungsstand zwischen der EU und der Schweiz.

Die EU-Finanzminister halten sodann fest, dass mit Liechtenstein, Monaco, Andorra und San Marino ähnliche Abkommen wie mit der Schweiz abgeschlossen werden sollen.

Was die abhängigen und assoziierten Gebiete der EU-Mitgliedstaaten betrifft, so sollen diese zwischen dem automatischen Informationsaustausch und der Einführung einer Quellensteuer wählen dürfen.

Weiters sieht die Einigung der EU-Finanzminister vor, dass die Kommission während der Übergangsfrist Gespräche mit anderen wichtigen Finanzzentren führen und diese für die Annahme „gleichwertiger" Massnahmen gewinnen soll.

Schliesslich hält der Beschluss des Ecofin-Rats vom 21. Januar 2003 bezüglich der EU-internen Situation fest, dass 12 Mitgliedstaaten der EU sofort das System des automatischen Informationsaustausches (d.h. ohne Anfrage) einführen[33]. Lediglich Österreich, Belgien und Luxemburg müssen vorerst nicht zu diesem System übergehen, sondern können eine Quellensteuer auf den Zinszahlungen erheben, und zwar auf der Basis der für die Schweiz geltenden Bedingungen bezüglich der Steuersätze sowie der Aufteilung des Steueraufkommens. Österreich, Belgien und Luxemburg sind erst dann verpflichtet, zum automatischen Informationsaustausch überzugehen, wenn alle genannten Drittstaaten den Informationsaustausch auf Anfrage im Sinne des Modells des einschlägigen OECD-Abkommens vom 18. April 2002 verwirklicht haben (dies soll auch für die USA gelten) und diese gleichzeitig weiterhin das System des Steuerrückbehalts in Höhe von 35% aufrecht erhalten.

6 Schlussbemerkungen

Nachdem sich die Verhandlungen zum gesamten Steuerpaket[34] weiterhin in die Länge ziehen, soll die – noch definitiv zu erlassende – Zinsbesteuerungs-Richtlinie nun erst zum 1. Januar 2005 von den Mitgliedstaaten umgesetzt werden. Die Einigung der EU-Finanzminister vom 21. Januar 2003, welche vorerst nur einen politischen Kompromissvorschlag darstellt,

---

[33] Keine Wahlmöglichkeit wird auch den neuen Mitgliedstaaten der EU zugestanden; diese müssen ebenfalls von Anfang an den automatischen Informationsaustausch als System der Besteuerung vorsehen.

[34] Siehe oben unter Punkt 2.1.

sollte ursprünglich am 7. März 2003 formell verabschiedet werden. Doch Italien hat bislang eine Einigung wegen „sachfremder Verknüpfungen“[35] blockiert. Auch beim Sondertreffen der EU-Finanzminister am 19. März 2003 konnte aufgrund der Aufrechterhaltung des italienischen Vorbehaltes keine Einigung erzielt werden; es wurde lediglich bekannt gegeben, dass der Abkommensentwurf mit der Schweiz dem Rat vorliege und von diesem gebilligt worden sei, sowie dass die vier Kernelemente dieses Abkommens[36] – in Bestätigung des Ecofin-Beschlusses vom 21. Januar 2003 – die Basis für die mit Liechtenstein, Andorra, Monaco und San Marino abzuschliessenden Abkommen bilden sollen.

Für Liechtenstein lässt die am 21. Januar 2003 getroffene politische Einigung des Ecofin-Rats viele wichtige Problempunkte erkennen. Eine genaue Analyse wird notwendig sein, weicht der Ecofin-Beschluss doch in wichtigen Bereichen sowohl vom bestehenden Richtlinienvorschlag vom 18. Juli 2001 als auch vom Beschluss des Ecofin-Rats von Feira am 19./20. Juni 2000 ab, welche die Basis der bisherigen Verhandlungen Liechtensteins mit der EU bildeten. Dies trifft insbesondere für die neue „Wahlmöglichkeit“ des Mitmachens der abhängigen und assoziierten Gebiete der EU-Mitgliedsländer zu (Quellensteuer oder automatischer Informationsaustausch). Weitere genau zu prüfende Fragen werden die Gleichwertigkeit unter den Drittstaatenabkommen (dies vor allem im Hinblick auf allfällige Gegenleistungen seitens der EU[37] sowie den Zeitpunkt und die Voraussetzungen für eine Revision dieser Abkommen) oder aber die Beurteilung der Rückkehr der EU zum vorübergehenden Koexistenzmodell für die Mitgliedstaaten Österreich, Belgien und Luxemburg aus Sicht der Drittstaaten betreffen.

Wichtig ist abschliessend einmal mehr der Hinweis auf die nicht weg zu diskutierende Problematik, dass selbst wenn die EU mit den von ihr bisher

35 Italien begründet seine Zurückhaltung damit, dass die Umsetzung der Zinsenbesteuerung nachteilig sei. Zur Kompensation verlangt Italien finanzielle Zugeständnisse in einem völlig anderen Bereich – nämlich zu Gunsten der italienischen Milchbauern (Milchquoten).

36 Siehe vorne unter Punkt 5.2.

37 So soll beispielsweise der Schweiz als unmittelbare Gegenleistung die Teilnahme an den Vorteilen der Mutter-Tochter-Richtlinie und der geplanten (zum Steuerpaket der EU gehörenden) Richtlinie über Zinsen und Lizenzgebühren zwischen verbundenen Unternehmen zugestanden werden.

genannten Drittstaaten eine Lösung erzielen könnte, damit die Schwäche im geographischen Geltungsbereich der EU-Zinsenbesteuerung nur bezüglich dieser Staaten und damit bloss teilweise behoben wäre. Es müsste somit eigentlich in erster Linie im Interesse der EU liegen, „gleichwertige Massnahmen“ gleichsam weltweit von allen Finanzplätzen zu fordern. Denn im Zeitalter der fortschreitenden Informationstechnologie sind grundsätzlich alle Finanzzentren gleich weit entfernt von bzw. gleich nahe zu den potentiellen Kunden der Finanzdienstleister!

The OECD and EU Are Wrong: Tax Competition Should Be Celebrated, Not Persecuted

Daniel J. Mitchell

Ph.D.; Fellow of The Heritage Foundation, Washington DC/USA

> A spectre haunts the world's governments. They fear that the combination of economic liberalization with modern information technology poses a threat to their capacity to raise taxes.
>
> *The Financial Times,* July 19, 2000

Globalization is making it harder for governments to overtax, because it is increasingly easy for taxpayers to shift their productive activities to lower tax environments. This is what is known as tax competition. But not everyone favors this development, particularly international bureaucracies. The Organization for Economic Co-operation and Development (OECD), a Paris-based organization with 30 member nations from the industrialized world, has urged an end to „harmful tax competition." The European Union also has an anti-tax competition project, and its „savings tax directive" may be the most dangerous of all tax harmonization initiatives. Last but not least, the United Nations has proposed an „International Tax Organization," which would be responsible for dictating global tax policy.

All of these schemes are misguided. They would harm the world economy and reduce global commerce. If successful, the EU and OECD campaigns will result in a tax cartel by eliminating or substantially reducing competition between nations. An „OPEC for politicians" would have adverse consequences for world taxpayers. Moreover, the EU and OECD proposals threaten national sovereignty, financial privacy, technological development, and the rule of law.

Policy makers should resist tax harmonization. Instead, they should take advantage of globalization by reforming tax systems and reducing marginal tax rates. Such policies not only would boost long-term growth, but also dramatically reduce both the incentives and opportunities to evade taxes.

1 What Is Tax Competition

Competition exists when rivals offer similar or better products at better prices. In the business world, competition leads to innovation, lower prices, and better service. Competition serves the same role in the public policy arena. In this case, the taxpayer is the consumer and governments must learn not to overtax lest they drive economic activity away.

The EU and OECD campaigns to eliminate tax competition and financial privacy are, at their core, a response to globalization. As one European bureaucrat stated, „differences in national tax systems are becoming increasingly evident and are therefore having an increasing influence on economic decisions concerning, for example, investment, savings, employment and consumption." As the world economy becomes more integrated and technology improves, it is becoming much easier to avoid excessive taxation. Vito Tanzi, a former senior economist with the International Monetary Fund (IMF) economist, noted: „Today, individuals may be able to choose among many countries in deciding where to work, to shop, to invest their financial capital, to allocate the production activities of the enterprises they control and so on. In these decisions, they take into account the impact of taxes, especially as long as the tax systems of different countries diverge as much as they do today."

1.1 The Attraction of Lower Tax Rates

Ample evidence exists that economic activity is drawn to low-tax regimes. This insight is particularly relevant to international investment flows since, as Professor Mason Gaffney, an expert from the University of California in Riverside observed, „arbitrage in capital markets causes rates of return to converge; but it is the net rates of return after taxes that tend to converge, not gross rates of return, so that businesses in jurisdictions with high taxes must offer and generate correspondingly higher gross rates of return on capital, to continue to attract investment."

Consider the example of an investor looking at two potential business opportunities. In Country A, a project might generate a 10 percent return, while in Country B, a similar investment is expected to yield a 7 percent return. On paper, this would suggest the investor would take advantage of the opportunity in Country A. But what if Country A has a 50 percent tax and Country B has no tax? In that case, the investor will choose to invest in the project in Country B. This choice is made because the actual after-tax return in Country A falls to 5 percent, less than the 7 percent after-tax profit that could be earned in Country B.

This does not mean, of course, that all investment will flow to low-tax nations. It does mean that investors will steer away from projects in Country A unless the expected pre-tax return is sufficiently large to compensate for the tax burden. In non-economic terms, this means that where there are two equally attractive projects, investors will choose the project that is subject to lower tax rates.

2 The Benefits of Tax Competition

Government officials who fear tax competition are like the owner of a town's only gas station who has to deal with a bunch of competitors after years of being able to charge high prices while offering poor service. The residents of the town are like the world's taxpayers. The competition is lowering the price of gas and auto repairs and making their lives better.

This is the central reason why tax competition is a good thing. A response by Switzerland to a 1998 OECD report noted, „competition in tax matters has positive effects. In particular, it discourages governments from adopting confiscatory regimes, which hamper entrepreneurial spirit and hurt the economy, and it avoids alignment of tax burdens at the highest level." A British newspaper, *The Independent*, wrote that tax competition is only damaging "...in the absurdist sense that any government that finds itself in competition with a lower-tax regime can condemn its competitor as 'harmful.' Accept this and you introduce an irresistible upward bias in international taxation. Bad news for the tax havens, for sure, but scarcely better for the citizens of some of the tax hells that we hear rather less about."

The Wall Street Journal similarly opined that, „tax competition between states is a good thing. The power of individuals and companies to vote with their feet is one of the most potent weapons against overweening government. Any attempt to deprive them of places to run must surely be considered an attack on freedom and a threat to prosperity."

Tax Competition Promotes Fiscal Responsibility

Economists like tax competition because the process results in lower tax, which, in turn, reduce the penalties on productive behavior. Taxpayers have a more narrow perspective – they simply enjoy the prospect of keeping more of the money they earn. The Reagan tax rate reductions – and the tax cuts that followed around the world – demonstrate that tax competition has generated big savings already for taxpayers. Another compelling piece of evidence is the round of tax cuts that recently took place in Europe. It is likely that these tax cuts will induce other nations to propose competing tax rate reductions. This certainly has happened in the past. For instance:

- In response to the U.S. tax rate reductions in the 1980s, all but two OECD countries lowered their top marginal rate on personal income tax between 1986 and 1991.

- Rates of corporate income tax all over the world dropped by up to 50 percent after the Reagan and Thatcher tax rate reductions. Following the Reagan tax cuts, all but one European Union nation reduced corporate tax rates between 1985 and 1998.

Yet many government officials, particularly in Europe, do not like this competitive process. In effect they are losing their power to set tax rates. And as an IMF official observed in a recent publication, with the passage of time it will likely become even „more difficult and more costly for a country to maintain high taxes."

3 What the EU and OECD Want

Taxpayer mobility – the ability to „vote with one's feet" – means that countries with high tax rates are likely to lose revenue. The only way to stop taxpayers from fleeing to lower tax environments, however, is to have all governments agree to maintain high tax rates – in effect, by establishing a tax cartel.

Tax harmonization can be achieved in two different ways. Explicit tax harmonization occurs when nations agree to set minimum tax rates or even decide to tax at the same rate. In the European Union, for instance, member nations must have a value-added tax (VAT) of at least 15 percent. If tax rates in all countries are explicitly harmonized, a taxpayer's only option is the underground economy – which already accounts for one-fourth to one-third of GDP in many of Europe's welfare states.

The other way to stop tax competition is implicit harmonization. This occurs when nations are able to tax their residents on the basis of worldwide income. In order to tax worldwide income, however, a country's tax collectors must find out how much income residents earn in other nations. This is why „information exchange" is such an important part of the EU and OECD agendas. „Information exchange" is a very misleading term, incidentally, since it implies that both countries receive some benefit.

The EU and OECD claim that tax harmonization is not their goal, but it is the unavoidable result of their proposal. Consider, after all, the following statements from various OECD publications:

- Low-tax policies „unfairly erode the tax bases of other countries and distort the location of capital and services."[1]
- "[T]ax should not be the dominant factor in making capital allocation decisions."[2]
- „These actions induce potential distortions in the patterns of trade and investment and reduce global welfare."[3]
- Tax competition is „re-shaping the desired level and mix of taxes and public spending."[4]
- Tax competition „may hamper the application of progressive tax rates and the achievement of redistributive goals."[5]
- „Harmful tax practices may exist when regimes are tailored to erode the tax base of other countries. This can occur when tax regimes attract investment or savings originating elsewhere."[6]

---

1 OECD, „Towards Global Tax Co-operation," p. 5.

2 *Ibid.*

3 OECD, „Harmful Tax Competition: An Emerging Global Issue," p. 14.

4 *Ibid.*, p. 16.

5 *Ibid.*, p. 14.

4 Why Tax Harmonization Is Misguided

4.1 An Assault on Taxpayers

The EU and OECD argue that tax competition is a bad thing and that governments should work together to stop „harmful“ tax practices. What this really would mean, however, is creating a cartel of high-tax nations that would impose its will on low-tax jurisdictions.

The issue was neatly summarized by an Australian economist, Terry Dwyer, who wrote, „If the concern is with whether a country's tax regime induces economic activity to shift, than all tax competition is necessarily harmful. The only way to prevent tax-induced changes of investment location would be for all countries to adopt the same tax system and the same tax rates.“

Creation of a tax cartel may be just the beginning. Advocates of the EU and OECD projects repeatedly stress the need for „global“ action. Unfortunately, that next step may be a radical proposal to create a new international organization with worldwide enforcement powers. The U.K.-based Commonwealth Secretariat foresees the OECD's actions as „the initial kernel of a 'world tax organization.'“ A recent United Nations report, which echoed the OECD's attack on low-tax jurisdictions, also called for a world tax organization.[7]

4.2 An Attack on Free Trade and Global Commerce

In order to force the so-called tax havens to comply with its demands, the OECD report proposes that member nations subject low-tax regimes to severe and discriminatory financial protectionism. The EU is making similar threats, primarily targeting Switzerland. But heavy-handed restrictions on international capital flows would cripple the world economy. In effect, the anti-tax competition politicians would impose a financial blockade against targeted nations.

---

[6] OECD, „Harmful Tax Practices,“ April 13, 2000, at: www.oecd.org/daf/fa/harm_tax/harmtax.htm.

[7] United Nations.

More specifically, the OECD suggests a panoply of fees, penalties, charges, restrictions, and other measures that could be implemented by member nations. In a remarkable twist, the OECD has even referred to these steps as „defensive measures" – sort of like Hitler's defensive attack on Poland or Japan's defensive attack on Pearl Harbor.

The French have gone even further, arguing that „the International Monetary Fund should oversee capital flows into these centers." Their former President also talked about outlawing all financial transactions with low-tax regimes, and France's former Finance Minister echoed this sentiment, stating that he is ready to „cease all financial relations of whatever type" with offending countries." The British *Manchester Guardian* expressed a similar view, editorializing that, „Ultimate sanction may even be a ban on banking transactions between institutions in countries belonging to the OECD and banks in tax haven nations."

These views are antithetical to the free flow of trade and commerce. Moreover, financial protectionism contradicts the OECD's professed support for „the concept of free trade and investment across national frontiers." Indeed, it is quite likely that the OECD's agenda violate WTO obligations.[8]

Not surprisingly, several countries have pointed out this hypocrisy. Caribbean leaders have stated that „tax competition is just another form of free trade in a globalized world." And Switzerland has noted that, „This results in unacceptable protection of countries with high levels of taxation, which is, moreover, contrary to the economic philosophy of the OECD."

4.3 An Attack on Sovereignty

The EU and OECD proposals would substantively interfere with the right of sovereign nations to determine their own tax policies. High-tax nations are especially interested in forcing so-called tax havens to raise their tax rates and eliminate financial privacy. But as the former Vice President and Chief Economist of the U.S. Chamber of Commerce, Richard Rahn, noted, such a radical approach represents „financial imperialism."

---

[8] Mark Warner.

In effect, the EU and OECD seek to overturn 200 years of established international practice so that high-tax nations can impose taxes on assets and activities outside their own territory. Traditionally, governments have used a „territorial" or „source-based" rule for taxation, allowing them to tax all incomes and activities within their borders. And because this type of system was not concerned with economic activity in other nations, conflicts were non-existent.

The problem with a territorial system – at least from the perspective of the EU and OECD – is that it allows tax competition between nations. As such, even though it is a recognized rule that one country should not be compelled to collect taxes for the benefit of another country, the EU and OECD appear willing to discard tradition so that their member nations can grab more revenue.

4.4 An Attack on Third World Countries

Most EU and OECD nations made the jump from poor, agriculture-dependent economies to industrial powers during the 1800s – a period when most did not impose income taxes of any kind. Today, poorer nations are being told they cannot adopt similar policies – a demand that one Canadian called an „infringement on their sovereignty by a group of rich white nations." In a stunning display of arrogance, a senior OECD official reportedly has stated that the tax competition project was designed to „close down the islands in the sun."

The OECD's approach toward developing nations has been one-sided from the beginning. One European politician, for example, openly bragged, „This is like a military campaign." Faced with rhetoric like this, it would be no exaggeration to state that the OECD's tactics in this regard are like the modern-day equivalent of gunboat diplomacy.

The EU and OECD insist that they are merely trying to uphold internationally accepted standards, but there is no indication of what that means. Instead, according to *The Financial Times*, „The implication is that the OECD intends that certain rules and practices relating to tax matters, of the most powerful countries in the world, should be imposed internationally on other jurisdictions." Stripped of diplomatic double-talk, this is simply, in the words of *The Financial Times*, an „attempt to bully tax havens into raising their tax rates."

4.5 An Attack on Privacy

Because it is impossible to tax worldwide income without knowing the worldwide assets and activities of taxpayers, destroying financial privacy is an integral element of the EU and OECD proposals. Their initiatives would give high-tax governments the right to obtain personal financial information about a resident's investments in another jurisdiction. This is the policy of so-called „information exchange." More specifically, tax collectors would have a right to inspect any bank account anywhere in the world – and the EU and OECD want to have that information automatically provided.

Information exchange is a drastic step, one that undermines the common law principle that bank secrecy is an implicit part of the contract between banker and client. Financial privacy historically has been viewed as an essential safeguard of the citizen against the power of dictatorship. Indeed, the famous Swiss laws regarding banking secrecy were significantly strengthened in 1934 after Adolf Hitler took control in Germany.

Bank secrecy laws do more than just protect privacy. They also provide systematic benefits to a country's financial institutions. The OECD even admits that, „Customers would be unlikely to entrust their money and financial affairs to banks if the confidentiality of their dealings with banks could not be ensured." As a result, bank secrecy laws can help stimulate a vibrant financial services industry.

Finally, privacy also makes it harder for criminals to select victims. Many citizens, particularly those from the developing world, want confidentiality to reduce the likelihood of kidnapping and other violent crimes. The ability to have private offshore accounts also enables people to protect themselves from financial instability and expropriation.

4.6 A Threat to Technology and Innovation

The desire to maintain tax revenue gives governments a reason to limit innovation and control new technologies. One of the most promising financial developments is the creation of „smart cards" – which are like prepaid phone cards that can be used to make cash purchases. Unfortunately, those who back the EU and OECD proposals appear afraid that these stored-value cards will make it harder to collect taxes. More specifically, they do not like the fact that smart cards allow anonymous transactions.

Online banking is also a concern to tax collectors, largely because a country may find it difficult, if not impossible, to prohibit its citizens from setting up accounts with institutions from other locations beyond its borders. The expansion of e-commerce also causes headaches for government, since the Internet enables people to shop and do business where taxes are lower.

Consumers, of course, like innovative new products and services. As a result, the EU and OECD cannot make a direct attack on the high-tech sector. Instead, they resort to dire warnings about anonymous financial transactions. For example, one OECD official wrote that online banking was a dangerous development. Other critics have pointed to cyber-payment systems as a problem. There is a distinct danger that those who seek to forestall tax competition will interfere with innovation and technological development. The OECD, for instance, has suggested limiting „the types of on-line services or the amount of such transactions“

4.7 An Attack on the Rule of Law

The EU and OECD anti-tax competition projects violate established legal principles at home and abroad. They seek to blur and perhaps even eliminate the distinction between tax avoidance, which is lawful, and tax evasion, which is not. Yet as Learned Hand, a distinguished former American judge, stated, „There is nothing sinister in so arranging one's affairs as to keep taxes as low as possible...for nobody owes any public duty to pay more than the law demands.“

The EU and OECD proposals clearly advocate a substantial shift in the traditional practices governing international enforcement of tax laws. In large part, this is an inevitable consequence of trying to tax income earned in other countries. This creates all sorts of conflicts, particularly as EU and OECD nations try to tax capital gains, inheritances, and incomes that citizens earn in other jurisdictions.

Standard international practice – known as the „dual criminality“ principle – is that one country should not expect another country to help investigate supposed wrong-doing unless the conduct being investigated would constitute a crime under the laws of both countries. Needless to say, since many „tax havens“ do not tax income, capital gains, or inheritances, asking them to help enforce other nations' laws in this regard would violate international norms.

More generally, as one expert explained, no country has the "...legal right to investigate the activities of any person in any other country without first obtaining the consent and cooperation of the country in which the investigation is to be conducted. Even then, the investigation must be conducted under the law of the country in which the investigation is to take place, not under the laws of the country conducting the investigation."

The dual criminality principle is an important safeguard against abusive government. The United States, for instance, would never consider (hopefully) helping China persecute escaped pro-democracy protestors or women fleeing that government's forced-abortion policy. Why? Because those activities are not criminal offenses in the U.S. Yet if EU and OECD nations insist that this principle be abandoned in order to enforce oppressive tax laws, what is to stop other nations from demanding that dual criminality be suspended to enforce their laws.

In addition to upending international tradition and practice, the EU and OECD proposals threaten basis civil liberties. Important legal principles, including the presumption of innocence, are being eroded. The operating presumption of the U.S. Department of Justice, for instance, is that any one with offshore bank accounts or other offshore financial structures is presumed probably guilty of money laundering. The Financial Action Task Force (FATF) shares the same view, assuming that anyone that wants financial privacy is a likely money launderer. One critic of this trend, speaking to a U.N. panel, remarked, „I do not feel comfortable with the notion of reversing the burden of proof in these cases. If we are going to tar someone as a criminal, I think it behooves us to prove that this person is a criminal beyond all reasonable doubt."

The second legal principle under assault is the protection against unreasonable search and seizure without either court warrant or probable cause. The American Civil Liberties Union correctly notes that laws which allow government to invade financial privacy require „the reporting of personal financial information for law enforcement purposes without probable cause of a crime, and creates incentives for banks to spy on their customers."

The Money Laundering Red Herring

Some argue that the EU and OECD proposals will make it easier to fight money laundering. Yet, money laundering is the opposite of tax evasion. Bill Gilmore, Professor of International Criminal Law at the University of Edinburgh, writes that money laundering and tax flight, „are activities with radically different purposes and practical outcomes.“ The U.N. comes to the same conclusion, declaring, „tax evaders under-report the earnings of their legal enterprises, thereby paying less tax than they legally should. Criminals, by contrast, over-report the earnings of any legal enterprises they use for cover, therefore paying more tax than their legitimate front companies would normally be required.“

It is also worth noting that „dirty money“ is not a problem unique to low-tax nations. Indeed, the U.N. reports that, „Money laundering can proceed very easily without bank secrecy; in fact, it may well be that launderers avoid it precisely because it acts as a red flag.“ Indeed, according to a Brookings Institution expert, America is the „largest repository of ill-gotten gains in the world.“

The Crisis Is Too Much Revenue, Not Too Little

The EU and OECD initiatives supposedly exists to keep tax revenues from evaporating, but there is no evidence that the tax systems of the industrial countries are collapsing. A recent OECD publication even admitted that, „In 1998, OECD governments collected almost US$8 trillion in taxes: the equivalent of 37.2 percent of the aggregate GDP of their economies and the highest figure recorded since revenue data began being collected by the OECD.“ Moreover, the OECD also acknowledged that, „There has been a continuing trend towards higher tax levels: from 29 percent of GDP in 1970, to 33 percent in 1980, to 36 percent in 1990 and more than 37 percent in 1998.“ The EU nations face the heaviest tax burdens. According to OECD data, taxes consume about 43 percent of GDP in EU nations.

The Right and Wrong Ways to Deal with Tax Evasion

Supporters of the EU and OECD make one compelling argument. It is unfair, they say, for some people to avoid taxes while others are stuck carrying the load. For those who believe that the law should apply equally to all, this is an important issue. The key question, of course, is how this inequity can be solved. This is where the EU/OECD approach breaks down. Even if all low-tax jurisdictions surrender and join in a tax cartel, the desired result will not materialize.

Simply stated, more people will enter the underground economy if the tax burden climbs. In Europe, the underground economy already accounts for 13 percent to 15 percent of economic output, and in some countries, such as Greece and Italy, more than one-fourth of economic activity takes place underground. The biggest reason for the shadow economy, not surprisingly, is tax burden. This is why efforts to address tax avoidance and evasion through an international cartel is doomed to failure.

Fortunately, there is a right way to fight tax evasion. The answer is to cut tax rates and reform the tax system. The lower the tax rate, the lower the incentive to use either legal or illegal means to hide money. In other words, when tax rates are low, people are willing to report more income to the government. This is part of the reason why tax rate reductions often result in increased tax revenues. During the 1980s, for instance, upper-income taxpayers in the United States dramatically increased the amount of income they reported after Reagan's sweeping tax rate reductions. As a result, according to Treasury Department data, tax collections nearly doubled during the decade. The same thing happened, incidentally, following the Kennedy tax rate reductions in the 1960s. Revenues rose and the rich wound up paying more.

Territorial Taxation: The Ideal Solution

Assuming tax burdens are reasonable and governments are behaving justly, there is a societal interest in minimizing tax evasion. The key question is how this goal can be achieved, particularly when dealing with cross border economic activity. The EU and OECD act as if tax evasion has reached epidemic proportions and that their proposal is the only way to address this supposed crisis. This is a clever strategy, but it is also very misleading. There is another approach – a combination of territorial taxation and the elimination of double taxation of income that is saved and invested – that is far more effective in terms of reducing tax evasion.

Unlike the „information exchange" schemes favored by the EU and OECD, a territorial system has no destructive side effects. Territorial taxation means that all countries would reserve the right to tax the income earned inside their borders, regardless of who earns the money, but they would not assert the right to tax income earned in other countries. As the following list indicates, a territorial system hinders government power and therefore is not in the interest of high-tax European governments:

- **Tax competition** – A territorial system promotes competition since investors and entrepreneurs can take advantage of lower tax rates by doing business in jurisdictions with pro-market tax systems. A worldwide system, by contrast, largely destroys competition since high-tax governments would have the right to export their tax burdens around the world. It would be as if a gas station charging $2.00 per gallon asserted the right to charge its old customers a 50 cents surcharge if they switched to a gas station that only charged $1.50 per gallon.

- **Financial privacy** – A territorial system is much more protective of financial privacy, especially since a withholding regime taxes capital income at the source (in other words, companies would prepay taxes on behalf of stockholders and bondholders, regardless of where they lived). This means people would not be forced to divulge their personal financial information to the government every year. By contrast, a system of information exchange necessarily means that at least two governments are privy to the most intimate financial details of a taxpayer's life.

- **Fiscal sovereignty** – By definition, a territorial system does not create conflicts with other nations. Each country has the right to impose any and all taxes on any and all income earned inside its borders. Any income earned in other countries, however, is off limits.

- **Tax reform** – A territorial system is conducive to fundamental tax reform. A flat tax, for instance, only taxes income earned inside national borders. A worldwide tax system, by contrast, is an impediment to tax reform. Indeed, many high-tax countries favor „information exchange" because it allows them to double-tax income that is saved and invested, a misguided practice that every major tax reform plan seems to abolish.

5 Conclusion

Tax competition is a positive force in the global economy. It forces politicians to be more responsible, pushing tax rates down and allowing people to enjoy more of the money they earn. Unfortunately, some policymakers in high-tax nations have come up with a strategy to stop tax competition. Working through the EU and OECD, they are pushing plans to shut down so-called tax havens and create a cartel of high-tax nations. One of America's top international lawyers, Bruce Zagaris, explained the dangers this would pose:

„The ferocious attack on the offshore jurisdictions by the OECD and EU tax initiatives, as well as parallel initiatives by national governments and international organizations, risk raising Americans' tax bill on a variety of areas in the medium and long-term, and robbing the US Congress of its constitutional authority over revenue. The assault on bank secrecy and financial privacy and concomitant increases of exchange of tax information will further erode privacy in an era when both law enforcement, electronic commerce, and various information gatherers have dismantled much of the foundation of privacy law. The initiatives will further alienate many Americans on the need to support globalism, since the impact of the initiatives will fulfill their worst fears of the erosion of national sovereignty and the loss of individual rights to the rise of global government."

Policymakers should reject the EU and OECD initiatives. They are bad for the world's taxpayers; they will undermine national sovereignty; they will destroy financial privacy; they will hinder technological innovation; they will lead to protectionism; and they will sabotage the rule of law.

Allfinanzstrategien von Banken, Versicherungen und unabhängigen Finanzvertrieben

Henner Schierenbeck

Prof. Dr. Dr. h.c.; Universität Basel

1 Strukturen und Entwicklungen im Vermögensanlage-, Vorsorge- und Versicherungsgeschäft

1.1 Trends in der gesamten wirtschaftlichen Geldvermögensbildung

Der Wettbewerb um die private Ersparnis schlägt sich naturgemäss in den Strukturanteilen der volkswirtschaftlichen Geldvermögensbildung nieder.

In einer längerfristigen Perspektive zeigt sich für die Vergangenheit deutlich ein Trend hin zu Anlagen bei Versicherungen und in Wertschriften (Direktanlagen oder Anlagefonds); Bankeinlagen (insbesondere Spareinlagen) sind dabei die grossen Verlierer. Dabei ist zu erkennen, dass ein gewichtiger Teil der privaten Vermögensbildung von den Banken auf die Versicherungen umgelagert wurde. Die Banken schafften es dabei über die vergangenen 50 Jahre hinweg nicht, diesen Prozess aufzuhalten. Was folglich die Gewinnung von Assets under Management aus diesem Bereich anbelangt, gehörten die Versicherungen im zweiten Teil des vergangenen Jahrhunderts zu den grossen Gewinnern.

Auffallend ist dabei der rapide Zerfall der Bedeutung der Bank-Spareinlage seit den 50er Jahren und parallel dazu die wachsende Bedeutung der Geldanlagen bei Versicherungen, was eine Erhebung der Deutschen Bundesbank für Deutschland belegt: Stark auf dem Vormarsch sind auch seit Mitte des Jahrhunderts die Anlagen in Wertschriften, welche in den 90er Jahren rund 31,6 % ausmachten. Von den Wertschriftenanlagen eroberten sich in den vergangenen zehn Jahren die Anlagefonds einen erheblichen Anteil. Rund zwei Drittel der Wertschriftenbestände werden in Form von Anlagefonds gehalten. Sonstige Anlagen, welche auch Pensionsrückstellungen beinhalten, sind leicht auf dem Rückzug. Sie machten im Jahr 2000 noch rund 6,1 % aus.

Ergänzend ist bezüglich der Wertschriften anzumerken, dass mit 20 % des finanziellen Gesamtvermögens in Aktien und Aktienfonds beispielsweise von 1996 bis 2000 ein Wertzuwachs erzielt wurde, der 50 % der gesamtwirtschaftlichen Ersparnis entsprach.

Die erheblichen Strukturveränderungen in der Geldvermögensbildung werden sich auch zukünftig fortsetzen und schlagen sich entsprechend in der Struktur der Geldvermögensbestände nieder.

Prognostiziert wird, dass die Anlagen bei Versicherungen bis zum Jahre 2010 einen Anteil von 28,5 % an den Geldvermögensbeständen erreichen werden (2000: 23,8 %); Aktien einen solchen von 16 % (2000: 11 %); Anlagefonds (Investmentzertifikate) mit einer Steigerung um 8,5 %-Punkte den höchsten Marktanteilszuwachs verbuchen können und bis 2010 ihren Anteil auf 20 % des gesamten Geldvermögens der Haushalte steigern werden. Es ist absehbar, dass sich der relative Bedeutungsrückgang der Bankeinlagen fortsetzen wird und dass diese nur noch einen Anteil von 22 % (2000: 27,5 %) am Geldvermögen erreichen werden.

Derart erhebliche Verschiebungen in den Geldvermögensbeständen treten ein, wenn sich entweder das Anlageverhalten der Haushalte über mehrere Jahre hinweg massiv verändert und/oder bestimmte Vermögensbestandteile hohe Wertzuwächse erzielen. Beides war in den letzten zehn Jahren der Fall.

Die Wachstumsmärkte im privaten Geldvermögen sind klar definiert: Anlagen bei Versicherungen (einschliesslich Pensions- und Sterbekassen sowie berufsständischen Vorsorgewerken, Zusatzversorgungseinrichtungen und den sonstigen Forderungen) werden in den kommenden Jahren bis 2010 einen voraussichtlich annualisierten Zuwachs von rund 8 % erfahren (von 867 auf 1.830 Mrd. EUR). Aktien vermögen auf der Basis von 417 Mrd. EUR im Jahr 2000 auf geschätzte 1.030 Mrd. EUR im Jahr 2010 zuzulegen – was einem annualisierten Zuwachs von rund 9,5 % entspricht. Der stärkste Zuwachs ist jedoch im Bereich der Anlagefonds zu sehen, bei denen von einem annualisierten Wachstum von 12 % (von 417 auf 1.280 Mrd. EUR) auszugehen ist.

Auch beim Anteil der Wachstumsmärkte am Geldvermögen ist in Deutschland ein Trend deutlich erkennbar. Der Anteil der Geldvermögen in der Form von Anlagen bei Versicherungen, Anlagefonds und Aktien wird einen deutlichen Zuwachs erfahren. Im Jahr 2010 werden diese rund zwei

Drittel der gesamten Geldvermögen ausmachen, was einem erheblichen Zuwachs entspricht, wenn man berücksichtigt, dass dieser Anteil zu Beginn der 90er Jahre noch bei rund einem Drittel lag.

Aktien gewinnen im Portefeuille der Haushalte mit 16 % ebenfalls an Bedeutung. Dieser Wert lag im Jahr 2000 noch bei 11 %.

Den höchsten Marktanteilsgewinn dürften mit einer Steigerung um 8,5 % die Investmentfonds verbuchen; diese werden 2010 voraussichtlich rund 20 % aller Geldvermögen verwalten.

Die Anlagen bei Versicherungen werden 2010 aller Voraussicht nach 28,5 % Anteil am Geldvermögen haben (1991: 19,8 %).

Alles in allem dürften deutsche Haushalte 2010 rund 46 % ihres Geldvermögens in Wertpapieren wie Rentenwerten, Aktien, sonstigen Beteiligungen und Investmentzertifikaten halten, was einer anteilsmässigen Zunahme am Geldvermögen von rund 9 % bezogen auf das Jahr 2000 entspricht.

Im Vergleich der Sparformen besitzen Anlagen in Aktien, bei Investmentfonds und Versicherungen klar das grösste Potential. Aus der beträchtlichen anteilsmässigen Zunahme dieser am gesamten Geldvermögen – von ca. 47 % auf annähernd 65 % im Jahr 2010 – lässt sich ableiten, dass es sich dabei um die eigentlichen Wachstumsmärkte handelt.

Ähnlich wie in Deutschland stehen auch in anderen EU-Ländern die gesetzlichen Rentenversicherungen vor Finanzierungsproblemen, so dass sich die Einleitung zahlreicher Reformen zwingend aufdrängt. Im Zentrum stehen dabei die Kürzung der Rentenleistungen und der Aufbau betrieblicher Zusatzversicherungen in Form kapitalsparender Pensionsfonds. Im Zuge dieser Entwicklung ist das allgemeine Bewusstsein zu stärkerer Eigenvorsorge deutlich gestiegen. Als Konsequenz daraus flossen mehr Gelder in höher verzinsliche Anlageformen und Altersvorsorgeprodukte.

Der zuvor für Deutschland aufgezeigte Trend kann durch einen Vergleich der fünf bevölkerungsreichsten EU-Länder untermauert werden. In Deutschland, Frankreich, Grossbritannien, Italien und Spanien stieg das in Aktien und Investmentfonds angelegte Geldvermögen von 2,14 Bio. EUR im Jahr 1995 auf 5,21 Bio. EUR im Jahr 2000, was einer Steigerung von annähernd 150 % entspricht. Vor diesem Hintergrund haben sich die Anteile am Geldvermögensbestand in der EU deutlich verschoben. 1995 waren mit 36 % noch die meisten Gelder in traditionellen Bankprodukten und 22 % in Aktien und Investmentfonds investiert. Heute entfallen 35 % des Geldvermögens auf Beteiligungswerte und nur noch 27 % auf Bankdepositen, die damit gleichauf mit Anlagen bei Versicherungen und Pensionsfonds liegen.

Als ein erstes Fazit lässt sich ableiten, dass die Versicherungen europaweit, wenn auch mit gewissen Unterschieden, zu den grossen Gewinnern des Kampfes um die wirtschaftlichen Ersparnisse gehören.

Die Frage, ob die für Deutschland und die Länder der EU konstatierten bzw. prognostizierten Entwicklungen auch auf die Schweiz übertragen werden können, ist zwar wahrscheinlich positiv zu beantworten, es gibt aber keine statistischen Daten, um dies zu verifizieren. Sicher ist nur, dass sich die Struktur des Prämienvolumens im Lebensversicherungsgeschäft signifikant von der in anderen Ländern unterscheidet.

Das Prämienvolumen verteilt sich in den untersuchten Ländern höchst unterschiedlich zwischen den Polen Gruppen- und Einzelversicherung einerseits und den Polen Kapital und Rentenversicherung andererseits. Stehen beispielsweise in Deutschland Einzel-Kapital-Versicherungen mit 88,1 % stark im Vordergrund, so sind es in der Schweiz mit einer überwiegenden Mehrheit von annähernd zwei Dritteln die Gruppen-Kapital- und Rentenversicherungen. Ein wesentlicher Unterschied dafür liegt in den Rahmenbedingungen der Versicherungswirtschaft, das heisst inwiefern es möglich und attraktiv ist, neben den staatlichen Sozialversicherungssystemen, private Vorsorgeprodukte anzubieten.

Der Schweizer Markt weist auch die Besonderheit auf, dass die Bevölkerung zu den ungeschlagenen „Weltmeistern" beim Abschluss von Versicherungen gehört. Die Schweizer gaben 1999 mit USD 4.643 pro Kopf am meisten Geld für Versicherungsdienstleistungen aus (davon USD 1.729 im Nichtlebengeschäft und USD 2.914 im Lebengeschäft). Lediglich in der Relation der Prämienausgaben zum Bruttoinlandprodukt (BIP) liegen sie mit 13 % knapp hinter Grossbritannien mit einem Anteilswert von 13,5 %. In Ländern wie Spanien und Italien, die diesbezüglich im europäischen Vergleich am unteren Rand zu liegen kommen, beträgt dieser Anteilswert knapp 6 %. Der Durchschnittswert für sämtliche Industrieländer liegt bei gerade mal 8,8 %.

1.2 Der Zukunftsmarkt: Kapitalgedeckte Altersvorsorgeprodukte

Einen der wichtigsten Märkte der Zukunft bilden Altersvorsorgeprodukte. Die Gründe hierfür sind äusserst vielfältig:

Ein erster Grund ist in der demographischen Entwicklung in vielen Ländern zu sehen. Bedeutsam ist, wie viele Personen im erwerbsfähigen Alter der Rentnergeneration gegenüberstehen. Eine geringere Fertilität (durchschnittliche Anzahl Kinder die eine Frau zur Welt bringt) und eine steigende Lebenserwartung führen zu einer Veränderung im Altersaufbau der Bevölkerung, der für ein umlagefinanziertes Rentensystem von grosser Bedeutung ist. Der Anteil älterer Menschen an der Bevölkerung nimmt in den nächsten Jahren besonders stark zu. So wird sich konkret in den EU-15-Ländern der Anteil der Bevölkerung im Alter ab 65 Jahren in den kommenden 50 Jahren annähernd verdoppeln. Im Jahr 2050 wird in den EU-15-Ländern der Anteil der Leute ab 65 Jahren im Vergleich zu den 20- bis 64-jährigen rund 56 % betragen.

Zweitens ist aus soziokultureller Sicht festzuhalten, dass sich in den letzten drei Jahrzehnten einiges geändert hat: Die Dauer der Erwerbstätigkeit bei den Männern hat sich verringert, bei den Frauen dagegen ist sie im Zunehmen begriffen.

Gesamthaft betrachtet nimmt dennoch die Dauer des Erwerbslebens eher ab. Dies basiert auf der Tatsache, dass die Ausbildungsdauer der Jüngeren dauernd im Zunehmen begriffen ist und die Älteren zunehmends wie frühzeitiger in den Ruhestand geschickt werden. Wirft man einen globalen Blick auf den Anteil der erwerbstätigen Personen im Alter von 55 bis 64 Jahren, so zeigen sich wesentliche internationale Unterschiede. Beträgt der Anteil der erwerbstätigen 55- bis 64-jährigen in Deutschland rund 39 %, so beträgt dieser in der Schweiz, welche innerhalb von Europa am anderen Ende der Bandbreite zu liegen kommt, mehr als 70 %. Ein besonderes Merkmal des gesellschaftlichen Wandels der letzten Jahre, ist ein Trend hin zur Individualisierung. Immer mehr Menschen möchten die Vielzahl neuer Entfaltungsmöglichkeiten nutzen und ihr Leben und ihren Beruf individuell und aktiv planen und gestalten. Dafür sind sie bereit, mehr Eigenverantwortung und die dazugehörenden Risiken in Kauf zu nehmen.

Es ist davon auszugehen, dass diese Entwicklungen in staatlichen Altersversicherungssystemen, die überwiegend nach dem Umlageverfahren arbeiten

(1. Säule), mit grosser Wahrscheinlichkeit in die Krise führen. Der Reformdruck auf diese Sicherungssysteme einerseits und die Auswirkungen auf die Märkte für kapitalgedeckte Vorsorgesysteme als Alternative bzw. Ergänzung (2. und 3. Säule) andererseits, sind dabei auch abhängig von den derzeitigen Alterssicherungsstrukturen in den verschiedenen Ländern. Dabei zeigt sich vor allem in Deutschland eine bestehende Abhängigkeit von der bestehenden gesetzlichen Rentenversicherung. Im Gegensatz dazu zeigt sich in den USA eine zwischen den Vorsorgearten gleichgewichtigere Struktur, welche auch näherungsweise auf die Schweiz zutrifft.

Aus den eben geschilderten Gründen kann in Zukunft mit einer erheblichen Erhöhung der Marktvolumina für die Altersvorsorgeprodukte europa- und sogar weltweit gerechnet werden.

2 Der Kampf um die Kundenfranchise im Vermögensanlage-, Versicherungs- und Vorsorgegeschäft

2.1 Allfinanz als Schlüsselstrategie

Es gilt die These:

„Um das Marktpotential für Vermögensanlage-, Vorsorge- und Versicherungsprodukte möglichst konsequent auszuschöpfen, bedarf es einer umfassenden Allfinanzstrategie."

a) Was ist Allfinanz?

Hinter dem schillernden Begriff „Allfinanz" verbirgt sich eine aktuelle und weitreichende Entwicklung, die sowohl die institutionellen Strukturen wie auch die Produktions- und Vertriebsprozesse im Finanzdienstleistungssektor entscheidend prägt.

Aus marktlicher (Vertriebs-)Sicht ist für Allfinanzkonzepte die Bündelung von Vermögensanlage-, Versicherungs- und Vorsorgeprodukten zu einem umfassenden, den jeweils aktuellen Kundenbedürfnissen angepassten Angebot von Finanzdienstleistungen charakteristisch. Neben den Banken und Versicherungsunternehmen spielen dabei auch die unabhängigen Finanzvertriebe (z.B. MLP, AWD) eine wichtige Rolle, die durch ihre ungewöhnlichen Vertriebserfolge geradezu ein Markenzeichen für Allfinanz geworden sind.

Aus institutioneller Sicht versteht man unter Allfinanz allerdings in erster Linie die vertragliche und/oder kapitalmässige Bindung zwischen Banken und Versicherungsunternehmen.

Zentrale Begriffe, die diese Entwicklung treffend bezeichnen, sind „Bank Assurance“ (franz. „Banqueassurance“) bzw. im englischen Sprachgebrauch „Financial Services“ als Ausdruck für Finanzdienstleistungen.

Prominente Beispiele für solche Allfinanz-Dienstleister sind:

- Citigroup (entstanden aus der Fusion des Bankkonzerns Citicorp und der Versicherungsgruppe Travellers),
- ING (entstanden aus der Fusion von Nationale-Nederlanden und NMB Postbank Groep)
- mit Abstrichen: Credit Suisse Group (durch Übernahme der Winterthur Versicherung).

Mit den grossen Finanzdienstleistungskonzernen ist der Allfinanzgedanke auch eingebettet in den grossen Strukturwandel im Finanzdienstleistungssektor, der durch die Konvergenz der Bank- und Versicherungswelten gekennzeichnet ist (vgl. SCHIERENBECK/HÖLSCHER 1998).

Ein äusseres Zeichen dieser Konvergenz sind die Entwicklungen hin zu einer einheitlichen Aufsichtsbehörde für beide Sektoren. Umgesetzt worden ist dies beispielsweise in Grossbritannien, aber auch in Südafrika, Dänemark, Norwegen, Schweden und vor kurzem auch in Deutschland, wo die Bundesaufsichtsämter für das Kreditwesen, das Versicherungswesen und den Wertpapierhandel per 1. Mai 2002 zur Bundesanstalt für die Finanzdienstleistungsaufsicht zusammengeführt worden sind. Gegenwärtig diskutiert wird eine solche Zusammenlegung in der Schweiz.

Die tieferliegenden Ursachen bzw. Treiber dieser Konvergenz von Banken- und Versicherungsunternehmenswelten sind dabei äusserst vielgestaltig. Eine wichtige Rolle spielen aber sicher unter anderem

- der Abbau von Wettbewerbshemmnissen durch Deregulierung (in der EU und auch weltweit);
- der zunehmende Wettbewerbsdruck im Kampf um die Ersparnisse der privaten Haushalte (einschliesslich Erbschaftsvermögen) auf allen Vermögensanlage-, Versicherungs- und Vorsorgemärkten;

- die wachsende Einsicht in Ähnlichkeiten und Überlappungen in den Geschäftsfeldern;
- ein zunehmend gleichartiges Verständnis von Geschäftsrisiken und die professionelle Beschäftigung speziell mit Kapitalmarktrisiken, sowohl in den Banken wie bei den Versicherungsunternehmen;
- die Bestrebungen, durch geeignete Altersvorsorgeprodukte von der sich abzeichnenden Krise der staatlichen Rentenversicherungssysteme zu profitieren.

Was speziell Letzteres angeht, das Ringen von Banken und Versicherungen um den wachsenden Markt für Altersvorsorgeprodukte, gilt folgende Ausgangslage:

- Durch die grosse Bedeutung der Lebensversicherung als traditionelles Altersvorsorgeprodukt haben die Versicherungsunternehmen hier eine starke Ausgangsposition. Speziell für die Schweiz kommt noch hinzu, dass das Kollektivgeschäft der Versicherungen knapp zwei Drittel des gesamten Prämienvolumens ausmacht und dies zu einem grossen Teil (1985: 85 %) auf das Geschäft mit Pensionskassen (2. Säule) zurückzuführen ist.
- Für moderne Altersvorsorgeprodukte, die stärker durch Wertschriftenanlagen geprägt sind, haben die Banken aber eine vergleichsweise höhere Akzeptanz im Markt (wenngleich die Versicherer mit ihren Fondspolicen durchaus erfolgreich sind). Als besonderer Erfolgsfaktor für Banken gilt zudem die grössere Nähe zu ihren Kunden, die sowohl für die individuelle wie auch die betriebliche Altersvorsorge genutzt werden kann.

Insoweit gibt es für beide Seiten gute Argumente für eine verstärkte Zusammenarbeit zur Ausschöpfung der Marktpotentiale.

b) Zur Bedeutung des Vertriebswegs Bank für die Versicherungsunternehmen und umgekehrt

Der Vertriebsweg Bank hat für Versicherungsunternehmen vor allem im „Individualgeschäft Lebensversicherungen" Relevanz erlangt (nicht dagegen bei der Kollektiv-/Gruppenversicherung). Die Zahlen verdeutlichen die bereits hohe (und wegen des überdurchschnittlichen Wachstums in diesem Segment auch ansteigende) Bedeutung des Vertriebswegs Bank für Lebensversicherungen (vgl. Abbildung 1).

	Masszahl Neugeschäft (Jahresbeitrag)	Masszahl Bestand (Beitragseinnahme)
Bundesrepublik Deutschland	25 % – 30 %	12 %
Frankreich	n.a.	62 %
Österreich	54 %	36 %
Italien	50 %	33 %
Grossbritannien	13 %	n.a.
Schweiz	35 %	20 %

Abb. 1. Marktanteile der Bank Assurance bei Lebensversicherungen (ohne Berücksichtigung der betrieblichen Lebensversicherung (Kollektivgeschäft)

Quelle: WARTH (1999), S. 135: Eigene Recherchen auf der Basis der Geschäftsberichte 1997/1998 der Unternehmen und Statistiken der Verbände: Gesamtverband der deutschen Versicherungswirtschaft (GDV), Fédération Française des Sociétés d'Assurances (FFSA), Verband der Versicherungsunternehmen Österreichs (VVO), Associazione fra le Imprese Assicuratici (ANIA), Association of British Insurers (ABI), Bundesamt für Privatversicherungswesen (PBV) – Schweiz

Auch nimmt der Marktanteil der „Bankversicherer" (das sind Versicherungsunternehmen, die auch oder nur über Banken ihre Produkte absetzten) fortlaufend zu: In Deutschland 1997 ungefähr 45 % gemessen an den Beitragseinnahmen; im Neugeschäft 1997 knapp 60 %. Das durchschnittliche Beitragswachstum der „Bankversicherer" in Deutschland beträgt 6,3 % (1994 – 1997). Demgegenüber liegt das durchschnittliche Beitragswachstum der Lebensversicherer ohne Bankvertrieb nur bei 3,8 % (vgl. WARTH (1999)).

Der umgekehrte Fall, nämlich, dass Banken die Vertriebskanäle der Versicherungen (vor allem Agenturen und Makler) dazu nutzen, ihre Produkte zu vertreiben, hat sich demgegenüber wenig durchgesetzt.

Ein wichtiger Grund hierfür wird sein, dass die möglichen Vertriebsmargen von Bankprodukten (vielleicht mit Ausnahme von Anlagefonds) in den Augen der provisionsgetriebenen Vertriebe zu wenig attraktiv sind im Vergleich zu denen von Versicherungsprodukten.

Ein weiterer Grund ist die oftmals fehlende Beratungskompetenz der Versicherungsbetriebe in bezug auf Bankanlagen und Kapitalmarktprodukte. So kommen allenfalls einfach strukturierte Anlagefonds und Fondspolicen als Beimischung in das Vertriebsangebot in Frage. Um dieses Kompetenzproblem zu lösen, ist beispielsweise in dem neu geschaffenen Allianz-Dresdner-Bank Finanzverbund vorgesehen, eine Finanzplaner-Organisation aufzuziehen (Advance Bank) und in den Allianz-Agenturen je einen Wertpapierspezialisten der Dresdner Bank zu beschäftigen. Offen bleiben hier jedoch weiter zentrale Problemkreise wie die Vereinheitlichung der Anreizsysteme in Bank- und Versicherungsvertrieben, die Bewältigung der immer noch bestehenden, erheblichen Mentalitätsunterschiede in beiden Kulturen und die Durchsetzung einer konsequenten Kundenorientierung, bei der der Produktverkauf nicht das Ziel, sondern lediglich Mittel zum Zweck ist.

c) Zur Bedeutung der unabhängigen Finanzvertriebe für die Banken und Versicherungen

Es ist offensichtlich, dass unabhängige Finanzvertriebe in der Schweiz eine deutlich geringere Bedeutung haben als etwa in Deutschland. Bekannte börsennotierte Vertreter sind MLP, AWD und Tecis. Da diese im Vertrieb Vermögensanlage-, Versicherungs- und Vorsorgeprodukte entsprechend den Bedürfnissen ihrer Kunden bündeln, sind diese somit Allfinanzanbieter „per se“. Sie erfüllen jedoch oftmals auch das Bedürfnis ihrer Kunden nach qualifizierter und umfassender Beratung entsprechend dem „financial planning“-Ansatz und nach einem produzentenunabhängigen Produktangebot.

Ihr Wachstum lag in der Vergangenheit deutlich über dem durchschnittlichen Marktwachstum (Umsatz-Wachstum von MLP zwischen 1998 und 2000 beispielsweise 34 % p.a.!). Demzufolge prognostiziert eine Studie von MCKINSEY auch deutlich steigende Marktanteile, vor allem im Vertrieb von Lebensversicherungen (einschliesslich Fondspolicen) und Investmentprodukten.

Im Bereich „Leben“ ist abzusehen, dass die Bedeutung der Ausschliesslichkeitsverkäufer stark zurückgehen wird. Auf dem Vormarsch sind Mehrfachagenten, Finanzberater und Banken. Im Gegensatz dazu der „Investment“-Bereich in dem die Banken Marktanteile vornehmlich zu Gunsten von Mehrfachagenten und Finanzberatern abgeben werden müssen.

2.2 Basisstrategien und Integrationsstufen der Bank Assurance

Allfinanzstrategien können eine defensive oder eine stärker offensive Stossrichtung haben (Marktsicherung oder Marktführerschaft). Unabhängig davon haben sie in erster Linie stets das Bestreben, gemeinsam den (qualitativen und quantitativen) Zugang zur Kundenfranchise zu verbessern.

Typische Allfinanzziele drehen sich demnach um folgende Kernpunkte:

- erhöhte Kundenbindung;
- umfassendere Ausschöpfung von Marktpotentialen;
- bessere Kundenberatung und Kundenbetreuung sowie
- erweiterte Kundenbasis.

Um diese Ziele zu realisieren, stehen grundsätzlich verschiedene Basisstrategien zur Verfügung: Kooperationsstrategien und Konzernstrategien durch Mergers & Acquisitions (M&A-)Aktivitäten sowie durch Eigengründung.

Kooperationsstrategien beschränken sich in aller Regel auf die Nutzung der Vertriebswege und Vertriebskapazitäten des oder der Kooperationspartner. Sie erfolgt – wo möglich und sinnvoll – auf Gegenseitigkeit. Kooperationsstrategien sind häufig mit Exklusivabkommen verbunden. Es gibt aber auch zahlreiche, diese Tendenz ist in letzter Zeit am Zunehmen begriffen, Beispiele für Kooperationen ohne Exklusivität.

Vertriebskooperationen lassen sich vergleichsweise schnell und kostengünstig umsetzen. Sie sind jedoch an folgende fundamentale Erfolgsfaktoren gebunden:

- Einigkeit über die Zusammenarbeit und gegenseitige Abhängigkeit,
- Bestehen einer vertraglichen und längerfristigen Vertriebspartnerschaft mit klaren Regeln, verbunden mit einer akzeptierten Aufteilung von Kosten und Erlösen, die beiden Seiten gerecht wird,
- Unterstützung der vertraglichen Vereinbarung mit einer gewissen Kapitalunterlegung,

Als Probleme von Allfinanzkooperationen gelten unter anderem

- der oftmals fehlende Zugriff auf die Kundenbasis der Kooperationspartner,

- die nicht gewährleistete Qualitätssicherung des Kundenkontakts und

- der mangelnde Durchgriff auf die fremden Vertriebskanäle.

Als Fazit ist festzuhalten, dass Allfinanzkooperationen nicht selten nur eine Übergangslösung für eine spätere Konzernlösung darstellen. Konzernstrategien sind in der Regel die stabileren Konzepte einer umfassenden und integrierten Allfinanzlösung.

Eigengründungen sind dort notwendig, wo Kooperationslösungen als nicht zielführend anzusehen und Übernahmekandidaten nicht verfügbar oder zu teuer sind. Die Nachteile von Eigengründungen sind in den oftmals beträchtlichen Investitionen, dem erheblichen Vorlauf bis hin zur Erreichung des Break Even-Punktes, sowie in den häufig längeren Anlaufverlusten zu sehen. Als Vorteil gilt allerdings, dass die bei Übernahmen notwenige Integration fremder Unternehmenskulturen und Systeme entfällt. Sie sind dort notwendig, wo Kooperationslösungen als nicht zielführend anzusehen sind und Übernahmekandidaten nicht verfügbar oder zu teuer sind.

Traditionelle Eigengründungen wie die CS-Life durch Credit Suisse und dbLeben durch die Deutsche Bank anfangs der 90er Jahre sind ausschliesslich produkt- bzw. produktionszentriert, d.h. sie gelten als Alternative für den „Fremdbezug“ über ein Kooperationsmodell.

Anders ist dies bei den innovativen Eigengründungsmodellen, die die Internet-Technologie als zusätzlichen Vertriebskanal zur Beschleunigung der internen Produktionsprozesse, sowie zur Erhöhung der Servicequalität nutzen. Als Beispiele möge für die Schweiz das unlängst lancierte Projekt der Baloise mit ihrem Finanzportal Balfolio gelten. Finanzportale ermöglichen den vergleichsweise schnellen und kostengünstigen Eintritt in das Allfinanzkonzept.

Zusammenschlüsse bzw. Übernahmen sind in letzter Zeit der verbreitetste Weg gewesen, um Allfinanzkonzerne aufzubauen. Der Integrationsaufwand bei der Schaffung von konzernmässigen Allfinanzstrukturen im Anschluss an solche Transaktionen ist erheblich; so wird beispielsweise im Fall Allianz/Dresdner Bank mit 2 – 4 Jahren bis zum Abschluss des Prozesses gerechnet.

Konkret geht es dabei um die Integration von internen Abläufen und Systemen, dem Produktprogramm sowie des Vertriebsapparates. Zusammengeführt werden müssen in der Regel auch unterschiedliche Unternehmenskulturen.

Die Vorteile gegenüber dem Aufbau eigener Kapazitäten sind der des Zeitgewinns, die Übernahme einer intakten Kundenbasis und Marke, sowie die Verbesserung der Wettbewerbsposition. Offensichtlich ist, dass solche Zusammenschlüsse einen erheblichen Integrationsaufwand verursachen, der sich sowohl auf interne Abläufe und Systeme, das Produktportfolio sowie den Vertriebsapparat erstrecken muss. Auch müssen oftmals unterschiedliche Unternehmenskulturen verknüpft werden. Gegenüber dem Aufbau eigener Kapazitäten ist der Zeitgewinn bedeutsam, ebenso die Übernahme einer intakten Kundenbasis und die Verbesserung der Wettbewerbsposition (vgl. SCHIERENBECK/HÖLSCHER (1998)).

Für Allfinanzstrukturen lassen sich drei Entwicklungsstufen der Zusammenarbeit bzw. Annäherung von Banken und Versicherung unterscheiden, die zumindest zum Teil auch mit den geschilderten Basisstrategien (Kooperations- versus Konzernstrategien) verknüpft werden können (vgl. Abbildung 2). Die Entwicklungsstufen beziehen sich auf eine Zusammenarbeit im Vertrieb, eine Vereinheitlichung von Geschäftsprozessen im Vertrieb und in der Produktion sowie die Entwicklung integrierter Allfinanzprodukte.

	Entwicklungs-stufe 1	Entwicklungs-stufe 2	Entwicklungs-stufe 3
	Zusammen-arbeit im Vertrieb	Vereinheitli-chung von Geschäfts-prozessen im Vertrieb und in der Produktion	Entwicklung integrierter Allfinanz produkte
Kooperations-strategien	x	(x)	
Konzern-strategien	x	x	x

Abb. 2. Entwicklungsstufen der Zusammenarbeit für Allfinanzstrukturen

Integrierte Finanzdienstleistungskonzerne lassen sich dadurch beschreiben, dass sie alle die Entwicklungsstufen durchlaufen haben. Speziell betreffend Stufe 3 gibt es keine Alternative zu einer Konzernstrategie.

Ob generell solche Konzernstrategien als insgesamt erfolgreich bezeichnet werden können, ist schwierig zu beurteilen. Zum einen lassen sich geglückte und weniger erfolgreiche Beispiele nennen (es kommt also offensichtlich nicht auf das „ob", sondern vor allem auf das „wie" an!). Zum anderen gibt es verschiedene empirische Untersuchungen aus dem Blickwinkel der Börsen und Analysten mit nicht eindeutigen Ergebnissen.

Weiter kann festgehalten werden, dass eine Allfinanzstrategie sowohl einer reinen Bank- als auch einer reinen Versicherungslösung aus dem Blickwinkel der Wertgenerierung überlegen ist. Diese Dominanz bestätigt sich unter Berücksichtigung des Risikos auf Basis eines einfachen Performancemasses. Darüber hinaus kann festgestellt werden, dass die Volatilität des Allfinanzportfolios geringer ausfällt, als bei einem reinen Bankindex, jedoch grösser als die Volatilität der Versicherungsindizes. Es scheint somit offensichtlich, dass die Diversifikation in den Versicherungs- und Vorsorgebereich eine Ergebnisglättung zur Folge hat.

Inwieweit sich einzelne organisatorische Ausgestaltungen der Zusammenarbeit für eine über- oder unterdurchschnittliche Wertentwicklung verantwortlich zeigen, stützt zumindest die Vermutung, dass weniger die Kooperationsform als vielmehr der Kooperationsinhalt von zentraler Bedeutung ist. Die Betrachtung der wichtigsten Märkte zeigte, dass sich äusserst vielfältige Kooperationsformen mit unterschiedlichsten Inhalten je nach nationalen Gegebenheiten und regulatorischen Rahmenbedingungen herausgebildet haben. Folglich lässt sich auf Grund der Kooperationsform nicht per se auf den Kooperationsinhalt schliessen. Beispielsweise können Joint Ventures die unterschiedlichsten Aufgaben innerhalb einer Allfinanzkooperation erfüllen: Sie dienen als reine Vertriebsgesellschaft, entwickeln spezifische Versicherungsprodukte für den Bankkanal oder übernehmen als Asset-Management-Gesellschaft die Vermögensverwaltung der Kooperationspartner. Diese Divergenz zwischen Kooperationsform und -inhalt macht eine detailliertere Interpretation der Resultate schwierig. Dennoch bestätigen die Ergebnisse, dass der Erfolg einer Allfinanzstrategie wesentlich von der Umsetzung der Strategie, d.h. in der Gestaltung der Kooperationsinhalte und weniger in der Kooperationsform liegt (vgl. AMARA/GRAF (2001), S. 34 ff.).

Der Wettstreit zwischen den Allfianzkonzepten kann generell als eröffnet bezeichnet werden. Exemplarisch kann dies anhand der Fusion, respektive Kooperation von Allianz-Konzern/Dresdner Bank und Münchner Rück/HVB Group (Hypovereinsbank) in Deutschland aufgezeigt werden (vgl. MEIER (2001)).

Die Ausgangslage für den Wettstreit scheint fair zu sein, da beide Unternehmen klare Vorgaben gesetzt haben, die sie innerhalb der nächsten 5 Jahre (also bis 2006) erreichen wollen. Dabei geht es in erster Linie um die Realisierung von Synergiepotentialen auf der Ertragsseite, da man sich durch den Vertrieb von Bankprodukten über die Distributionswege des Versicherungspartners und von Versicherungsprodukten durch Bankfilialen zusätzliche Einnahmen erhofft. Auf der Kostenseite rechnet man durch die Zusammenarbeit mit erheblichen Einsparungen.

Die zu realisierenden Synergiepotentiale differieren jedoch zwischen den beiden Zusammenschlüssen erheblich. Allianz-Konzern/Dresdner Bank als eigentlicher Allfinanzkonzern rechnet bis 2006 mit jährlichen Synergien von 1,06 Mrd. EUR. Das von der Münchner Rück/HVB Group angestrebte Potential beläuft sich gerade mal auf 315 Mio. EUR. Auf den ersten Blick scheint sich somit eine vollständige Fusion stärker in erhöhten Synergiepotentialen auszuzahlen. Berechtigterweise kann jedoch die Frage in den Raum gestellt werden, ob hier gleiches mit gleichem verglichen wird. Die Münchner Rück/HVB Group bezifferte einen vergleichbaren Wert des Zusammenschlusses von Allianz-Konzern/Dresdner Bank im Bereich von gerade mal 406 Mrd. EUR.

Konkret wollen Allianz Konzern/Dresdner Bank 215 Mio. EUR Kosten sparen, die sie bis 2006, dank der Zusammenlegung ihrer IT und anderer Abteilungen, realisieren wollen. Bei diesem Betrag handelt es sich um eine Nettogrösse, die um die Restrukturierungskosten bereinigt wurde. Weiter will man im Bereich der Vermögensverwaltung bis zum Jahr 2006 weitere 230 Mrd. EUR an Einsparungen erreichen. Dieses Synergiepotential weist die Kooperation Münchner Rück/HBV Group nicht auf, da ihre jeweiligen Vermögensverwaltungstöchter zu klein sind, um zusammengelegt zu werden.

Es ist auffallend, dass Münchner Rück/HBV Group, die ja lediglich eine Zusammenarbeit anstreben, lediglich Ertragssynergien, jedoch (da keine Integration stattfindet) keine Kostensynergien plant.

Strebt man einen aussagekräftigen Vergleich zwischen diesen beiden unterschiedlichen gewählten Ansätzen an, so wäre es sinnvoll lediglich die Ertragssynergien zu berücksichtigen, d.h. man untersucht den Umfang des Neugeschäfts, das sich die Unternehmenspaare dank der Nutzung der Distributionskanäle ihres Partners erhoffen. Doch auch unter dieser Prämisse entscheidet die Kooperation Allianz-Konzern/Dresdner Bank das rennen klar für sich. Die Höhe der reinen Ertragssynergiepotentiale im Fall Allianz-Konzern/Dresdner kann mit rund 615 Mio. EUR beziffert werden, wohingegen dieser der Münchner Rück/HBV Group im Jahr 2006 lediglich bei 230 Mio. EUR zu liegen kommen wird.

Die in Deutschland auf Anfang Januar 2002 in Kraft getretene Rentenreform wird die gesetzten Strategien positiv beeinflussen. Man rechnet daher in Deutschland mit einem eigentlichen Boom für Lebensversicherungen und anderen Produkten der privaten Vorsorge. Daher ist der Zeitpunkt geradezu ideal, um mit einem Allfinanz-Ansatz weitere Marktanteile zu erobern.

In der Entwicklung der Börsenkapitalisierung hat sich der abzeichnende Erfolg des einen oder anderen Ansatzes noch nicht gross niedergeschlagen. Von Bekanntgabe der Strategien bis zum Jahresende 2001 blieben die Börsenkurse von Allianz, Münchner Rück und Hypovereinsbank annähernd unverändert. Also auch die Börsen haben offensichtlich ihre Mühe, die Vorteilhaftigkeit eines Ansatzes gegenüber dem anderen zu erkennen und zu bewerten. Weitere Kursbewegungen infolge der differierenden Allfinanz-Strategien sind erst zu erwarten, wenn sich abzeichnet, welches Konzept sich besser bewährt und vorteilhafter operationalisieren lässt. Im ersten Teil des Börsenjahrs 2002 schien die Börse die Vorteilhaftigkeit von Allianz-Konzern/Dresdner Bank höher zu bewerten als die Kooperation von Münchner Rück und der HBV Group. Fundamentale Aussagen lassen sich jedoch erst nach einer längeren Beobachtungszeit plausibilisieren und sind immanent mit der Konsequenz der Umsetzung der Strategien durch das Management verbunden.

2.3 Die Erfolgsfaktoren im Allfinanzgeschäft

Zur Identifikation erfolgreicher Allfinanz-Geschäftsmodelle können drei Managementbereiche mit deutlich unterschiedlichen Anforderungsprofilen voneinander abgegrenzt werden:

- Allfinanz im Vertrieb,
- Allfinanz im Portfoliomanagement,
- Allfinanz in der Produktion.

Vertikal vollständig integrierte Allfinanzkonzerne zeichnen sich durch eine intensive Verzahnung aller drei Bereiche und damit durch ein Geschäftsmodell aus, das die gesamte Wertschöpfungskette von Finanzdienstleistungen systematisch bearbeitet.

Es gibt aber auch zahlreiche Beispiele für eine Aufspaltung der Wertschöpfungskette und damit eine Spezialisierung auf einen der drei Managementbereiche. Gerade im Vertrieb von Vermögensanlage-, Versicherungs- und Vorsorgeprodukten drängen zunehmend auch bank- und versicherungsfremde Anbieter auf den Markt. Ganz zu schweigen von den unabhängigen Finanzvertrieben, die in bezug auf nachhaltiges Umsatzwachstum, Banken und Versicherungen um ein Mehrfaches übertreffen.

Somit lassen sich nun die Haupterfolgsfaktoren in den drei identifizierten Managementbereichen von Allfinanzunternehmen definieren (vgl. SCHIERENBECK/HÖLSCHER (1998) und UBS AG (2001), S. 9):

- Die konsequente Kundenorientierung im **Vertrieb** ist der wohl letztlich alles entscheidende Erfolgsfaktor für Allfinanzkonzepte. Dazu gehört zum einen die Bündelung von bedürfnisgerechten Leistungspaketen am „Point of Sale“. Eine zentrale Rolle fällt dabei den Kundenberatern zu – gegebenenfalls unter Beizug von Produktspezialisten. Als Standard für eine objektive, an den Kundenbedürfnissen ausgerichtete Beratung gilt immer mehr die Umsetzung des „Best-Advice“-Konzepts.

- Im **Portfoliomanagement** von Allfinanzunternehmen steht eine innovative, an Transparenz und Performance für den Kunden orientierte Produktgestaltung im Vordergrund. Bank- und Versicherungsprodukte können sich hier mit Gewinn gegenseitig befruchten („Best Performance“-Konzept).

- In der **Produktion** von Allfinanzprodukten geht es schliesslich in erster Linie um Kostenführerschaft als entscheidender Erfolgsmassstab. Allfinanzstrategien ermöglichen trotz regulatorischer Hemmnisse vielfältige Synergien im technisch-administrativen Bereich, die es konsequent zu heben gilt. Als besonders vielversprechend gilt der verstärkte Einsatz von e-Business-Modellen zur internen Produktivitätssteigerung. Sie sind eine wichtige Voraussetzung für die Umsetzung des „Best-Price“-Konzepts bei der Abwicklung von Finanzdienstleistungstransaktionen.

3 Banken oder Versicherungen: Wer wird gewinnen?

Grundsätzlich gilt, dass Banken im Evolutionsprozess zu einem integrierten Finanzdienstleistungskonzern über einen wichtigen „Startvorteil“ verfügen, da sie im Vertrieb schon seit längerem nach Kundensegmenten organisiert sind. Die Versicherungen mit ihrer starken Produktorientierung offenbaren tendenziell noch ein eher traditionelles Vertriebsverständnis.

Entscheidend wird aber in Zukunft sein, dass die „Gewinner“ es schaffen, die Marktbereiche konsequent kundenorientiert auszugestalten:

- Produktion und Produkte sind dem Marktbereich organisatorisch konsequent unterzuordnen,
- die Kundenbedürfnisse (im Lebenszyklus) haben im Mittelpunkt zu stehen,
- der Kunde kann zwischen alternativen Vertriebskanälen frei wählen (Multi Channel Distribution),
- Ergebnisverantwortung für die gesamte Kundenbeziehung löst produktbezogene Umsatzvorgaben ab.

Des weiteren muss es ihnen gelingen, eine globale „Investment- and Insurance“-Kompetenz aufzubauen:

- auf dem Kapitalmarkt und bei Altersvorsorgeprodukten haben die (nachweisbaren) Kernkompetenzen zu liegen,
- Versicherungsprodukte sind insofern nur als integrale Bestandteile eines modulmässig aufgebauten Allfinanzproduktangebots zu sehen,
- die erheblichen, traditionell geprägten Kulturunterschiede zwischen Banken und Versicherungen, sind zu Gunsten einer neuen (übergeordneten) Finanzdienstleistungskultur aufzuheben.

Literatur

Amara, S./Graf, S.: Im Spiegel der Börsen, in: Schweizer Bank, 2001/9, S. 34 ff.

Berenberg Bank: Sektoranalyse Finanzdienstleister, 2001.

Deutsche Bundesbank: Monatsberichte, Juni 2001.

Deutsches Institut für Altervorsorge: Altersvorsorge und Investmentfonds – ein internationaler Vergleich, 1999.

Dresdner Bank: Trends Spezial, Die Märkte für Altersvorsorgeprodukte in Europa, Juli 2001.

Meier, D.: Der Wettstreit zwischen den Allfinanzkonzernen ist lanciert, in: Finanz und Wirtschaft, 22.12.2001, S. 34.

OECD: Work-force ageing in OECD countries, Employment Outlook, 2000.

Schierenbeck, H./Hölscher, R.: Bank Assurance, 4. Auflage, Stuttgart 1998.

Schierenbeck, H.: Ertragsorientiertes Bankmanagement, Band 1: Grundlagen, Marktzinsmethode und Rentabilitäts-Management, Band 2: Risiko-Controlling und Bilanzstruktur-Management, 7. überarbeitete und erweiterte Auflage, Wiesbaden 2001.

SWISS RE: Sigma, Nr. 3/1993.

SWISS RE: Sigma, Nr. 3/2001.

UBS AG: UBS Investment, April 2001.

Warth, W.P.: Die weitere Entwicklung der Allfinanz und ihre Konsequenzen für Banken und Versicherungsunternehmen, in: Integration von Finanzdienstleistungen, Hrsg. Habs Corsten und Wolfgang Hilke, Wiesbaden 1999, S. 119-153.

Marktrisiken im Private Banking

Thomas Siegl

Dr.; Leiter Corporate Control, ING BHF-BANK AG, Frankfurt/Main

Zusammenfassung

Im Fokus des Artikels steht das Marktpreisrisiko aus Sicht einer Bank. Die Marktrisiken sind mögliche Verluste der Bank aufgrund von Änderungen von Zinsen, Aktienkursen oder Devisenkursen. Im Private Banking entstehen die Risiken für die Bank typischerweise aufgrund von Zinsänderungen. Dabei spielt das Aktiv/Passivgeschäft der Banken die Hauptrolle, wohingegen z.B. fallende Aktienkurse im Kundendepot typischerweise das Risiko des Kunden sind und nur indirekt durch Volumenseffekte zum Risiko der Bank werden. Die Zinsrisiken entstehen als möglicher Verlust an Kundeneinlagevolumen, bzw. durch negative Marktzinsentwicklungen und damit verbundene notwendige Änderungen der Konditionsgestaltung. Um das Risiko zu analysieren, muss insbesondere die tatsächliche Fristenstruktur der Einlagen bekannt sein. Eine Risikomessung kann durch Zinsbindungsbilanzen oder verbessert durch die Dynamische Simulation erfolgen. Die Risikomessung ist in Basel II publikations- bzw. prüfungsrelevant. Außerdem bestehen aufsichtsrechtliche Anforderungen an das Zinsrisikomanagement. Im Artikel werden Anforderungen im Rahmen von Basel II skizziert, sowie Möglichkeiten zur Risikomessung verglichen.

1 Einleitung

Risiken, also die Gefahr von Verlusten für die Bank, entstehen im Private Banking durch Geschäfte der Kunden mit der Bank, die nicht Kommissionsgeschäfte sind, also typischerweise dem Einlagen- und Kreditgeschäft. Die im Private Banking auftretenden Marktpreisrisiken der Banken unterscheiden sich strukturell von den Marktpreisrisiken, die an den Finanzmärkten auftreten, wie z.B. fallende Kurse im Aktieneigenhandel. Die Einlagen und Kredite werden meist nicht zu Marktpreisen bewertet, sondern nur anteilig nach periodenbezogenen Stückzinsen. Die dabei gegenüber Kunden verwendeten Einlagensätze sind bis zu einem gewissen Grad gestaltbar, wirken sich aber auf das mögliche Geschäftsvolumen aus. Die Investition der Einlagensumme erfolgt meist zu Marktzinsen und Fristigkeiten, die nicht genau der Fristenstruktur der Einlagenseite entsprechen.

Die Marktrisiken sind hauptsächlich Zinsrisiken in drei Risikokategorien, Preis- und Zeitrisiken als Konditionsrisiken sowie Volumensrisiken bzw. auch Optionsrisiken. Die Konditionsrisiken bestehen z.B. darin, für Einlagen höhere Kundenzinsen zahlen zu müssen, als durch die Aktivmittel erwirtschaftet werden, oder auf fallende Zinsen zu spät zu reagieren, oder durch zu niedrige Kundenzinsen Volumen zu verlieren.

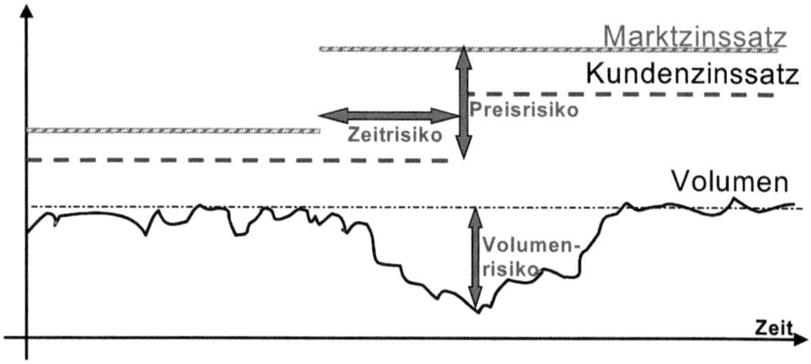

Abb. 1. Ausprägungen von Zinsrisiken im Einlagengeschäft

Neben dem ökonomischen Zweck der Risikomessung, die Höhe möglicher Verluste über ein Limitsystem begrenzen zu können und darüber eine Diversifikation von Risiken über verschiedene Risikoklassen erzwingen zu können ist die Unterlegung von Risiken mit Eigenkapital bzw. die Offenlegung der Risiken eine klassische aufsichtsrechtliche Forderung.

2 Anforderungen in Basel II für Marktrisiken im Bankbuch

Die Behandlung von Zinsrisiken im Anlagebuch in Basel II wird im Konsultationspapier „*DIE NEUE BASLER EIGENKAPITALVEREINBARUNG*“ in der Übersetzung der Deutschen Bundesbank vom Januar 2001 unter der zweiten und dritten Säule dargestellt.

Die Regelung §631 in der zweiten Säule fasst die Anforderung an die Risikomessung zusammen: „*Die überarbeiteten Empfehlungen zum Zinsänderungsrisiko erkennen die internen Steuerungssysteme der Banken als*

Hauptinstrument zur Messung des Zinsänderungsrisikos im Anlagebuch und für die aufsichtliche Reaktion an. Um der Aufsichtsinstanz die Überwachung der Zinsrisikopositionen über die Institute hinweg zu ermöglichen, müssen die Banken die Ergebnisse ihrer internen Messsysteme der Aufsichtsinstanz zur Verfügung stellen; die Ergebnisse werden als Barwerte im Verhältnis zum Eigenkapital ausgedrückt und zeigen die Reaktion auf einen standardisierten Zinsänderungsschock."

Aus der Höhe des gemessenen Risikos kann gemäß § 632 eine Eigenkapitalerfordernis entstehen: „*Falls die Aufsichtsinstanzen feststellen, dass eine Bank kein ausreichendes Kapital zur Unterlegung ihres Zinsänderungsrisikos vorhalten, müssen sie von der Bank fordern, ihr Risiko zu verringern, einen spezifischen zusätzlichen Betrag an Eigenkapital aufzubringen, oder eine Kombination dieser beiden Möglichkeiten verlangen. Die Aufsichtsinstanzen sollten besonders bei so genannten „Ausreißer-Banken" auf ausreichendes Eigenkapital achten. Darunter versteht man Banken, deren Barwert sich als Reaktion auf den standardisierten Zinsschock (200 Basispunkte oder deren Äquivalent) um mehr als 20% des Eigenkapitals (Summe aus Kernkapital und Ergänzungskapital) verringert, wie im ergänzenden Dokument PRINCIPLES FOR THE MANAGEMENT AND SUPERVISION OF INTEREST RATE RISK beschrieben.*"

Die dritte Säule (Marktdisziplin) von Basel II führt unter § 669 die Offenlegung für die folgenden Risikokennzahlen an:

1. Umfang standardisierter Zinsschocks, gegliedert nach Währung.

2. Absolute Zunahme (Abnahme) des Barwerts bei schockartiger Zinsänderung nach oben und unten.

3. Absolute Zunahme (Abnahme) der Erträge bei schockartiger Zinsänderung nach oben und unten.

4. Zunahme (Abnahme) des Barwerts in Prozent sowohl des Barwerts als auch des aufsichtsrechtlichen Eigenkapitals.

5. Zunahme (Abnahme) der Erträge in Prozent.

6. Interne Limits der Bank für das Zinsänderungsrisiko, gemessen sowohl am Barwert als auch an den Erträgen.

7. Nominalwert der Derivate, die für die Absicherung von Aktiva oder Passiva im Anlagebuch eingesetzt werden.

Neben den rein quantitativ ausgerichteten Forderungen im Form der Offenlegung und Messung von Risikokennzahlen existiert die qualitative Anforderung an ein funktionierendes System zur Begrenzung von Zinsrisiken. Dieses umfasst sowohl die Messung, Überwachung und Limitierung der Risiken wie auch die Organisation und Überwachung der Risikosteuerung. Im ergänzenden Dokument *PRINCIPLES FOR THE MANAGEMENT AND SUPERVISION OF INTEREST RATE RISK* sind die aufsichtsrechtlichen Anforderungen an das Risikosteuerungssystem im Detail unter §23 beschrieben. Aufgrund der Komplexität des Themas, der Unterschiede zwischen den Instituten und der noch ausstehenden Standardisierung der Risikomessung sind die Anforderungen relativ unscharf formuliert. Sie lassen einen relativ hohen aufsichtsrechtlichen Interpretationsspielraum.

Klar geregelt ist hierbei die Rolle der Geschäftsleitung (bzw. des Board of directors). Die Geschäftsleitung muss regelmäßig über das Risikoniveau informiert werden und erlässt die Rahmenbedingungen (Policies) und Strategien zum Risikomanagement. Es ist Aufgabe des Senior Managements die Risiken zu überwachen und zu steuern. Während es nicht notwendig ist, dass die Geschäftsleitung selbst detailliertes Wissen über komplexe Finanzinstrumente bzw. Risikomanagement-Techniken verfügt, muss die Geschäftsleitung sicherstellen, dass das Senior Management die Risiken versteht und innerhalb der Bank technisches Wissen zur Bewertung und Kontrolle aller Typen von Zinsrisiken vorhanden ist.

Zur Messung der Zinsrisiken selbst werden keine konkreten Anforderungen an die Methoden gemacht. Der jeweiligen nationalen Aufsicht wird ein breiter Spielraum eingeräumt. Allerdings werden mögliche Varianten zum Teil sehr detailliert diskutiert, besonders die Zinsbindungsbilanz.

3 Die Zinsbindungsbilanz (GAP Analyse)

Das einfachste Mittel, Risiken aus dem Aktiv/Passiv Geschäft transparent zu machen, besteht in einer Fristenbilanz (siehe § 45 der *PRINCIPLES FOR THE MANAGEMENT AND SUPERVISION OF INTEREST RATE RISK*). Für die Darstellung in Tabelle 1 nehmen wir an, dass die Aktivseite aus Immobilien und einem Einjährigen Kredit zu 4%, und die Passivseite aus Eigenkapital und Spareinlagen zu aktuell 3,5% mit 6 Monaten Kündigungsfrist besteht. Das Zinsrisiko besteht dann für einen bestimmten Zeitpunkt in der Zukunft daraus, dass in Summe die Zinszahlungen der Passiva höher sind als die Zinseinnahmen der Aktiva.

Tabelle 1. Beispiel Fristenbilanz (Gap-Bilanz)

Produkt	1.Q	2.Q	3.Q	4.Q	2.J	3.J	4.J	5.J
Kredit 4%				100				
Immobilie								10
Einlage 3,5%		100						
Eigenkapital								10
Aktueller Gap (gap_i)	0	-100	0	100	0	0	0	0
Kumulativer Gap ($kgap_i = \square_{j \leq i} gap_i$)	0	-100	-100	0	0	0	0	0

Mit der Zinsbindungsbilanz erkennt man, dass ein Zinsrisiko auf Einlagenseite bis zur Fälligkeit des Kredites besteht. Die Höhe des Zinsänderungsrisikos kann in der folgenden Weise zusammengefasst werden: In 2 Quartalen besteht auf eine Nominale von -100 ein Zinsänderungsrisiko.

Wird das Risiko gegen die bestehende Zinsmarge gerechnet (als Verlust inklusive möglichem Opportunitätsverlust) so ist das Risiko auf eine 100 Basispunkte (Δr = 1 bp = 0,01%-Punkte) Veränderung der Zinsen auf Quartalsweise Zinsbänder (Δt_i = 0,25 Jahre) zu bestimmen als Zinseffekt auf den kumulativen Gap ($kgap_i$) pro Laufzeitband i als

$$\begin{aligned} \text{Risiko} &= \min \left(+\Delta r \textstyle\sum_i \Delta t_i \cdot kgap_i ; -\Delta r \sum_i \Delta t_i \cdot kgap_i \right) \\ &= \min (+100\text{bp}*[0{,}25*(-100)+0{,}25*(-100)]; \\ &\qquad -100\text{bp}*[0{,}25*(-100)+0{,}25*(-100)]) \\ &= -\,0{,}5 \text{ (möglicher Verlust)} \end{aligned}$$

Bei einer unmittelbaren Erhöhung der Zinsen um einen Prozentpunkt droht also ein Verlust von 0,5 bei einer Position von 100. Bei einer standardisierten Zinsänderung von 200 bp, wie in Basel II gefordert, entsteht ein Verlust von 1, also 1% des Nominalvolumens des Kredites bzw. 10% des Eigenkapitals.

Neben diesem Ertragsrisiko kann eine Auswirkung auf den Barwert berechnet werden über die *Duration* als Zinssensitivität. So ist die Wertänderung (ΔW) einer Zinsposition annähernd linear verbunden mit der Zinsänderung (Δr) über die bekannte Gleichung

$$\Delta W = W \cdot D \cdot \Delta r,$$

wobei D die modifizierte Duration der Position ist. Die Gleichung lässt sich leicht herleiten. Betrachtet man eine t-jährige Verzinsung auf eine Einlage der Höhe W mit Zinssatz r, so erhält man nach t Jahren durch Zinseszins eine Auszahlung (Cash Flow, CF) in der Höhe

$$CF = (1 + r)^{t} \cdot W.$$

Umgekehrt ist der heutige Wert eines zukünftigen Cashflows bestimmt durch

$$W = \frac{1}{(1+r)^{t}} \cdot CF.$$

Bei mehrfachen Zahlungen muss über die Zahlungsströme summiert werden. Außerdem ist der Zins üblicherweise von der Laufzeit t abhängig. Die erste Ableitung des Wertes W nach dem Zins r ist dann gegeben durch

$$W' = -t \frac{1}{(1+r)^{t+1}} \cdot CF.$$

Die modified Duration D ist nun gegeben durch

$$D = -W' / W = t / (1 + r)$$

und die ursprüngliche Formel $\Delta W = W \cdot D \cdot \Delta r$ zur Berechnung der Wertänderung aufgrund einer Zinsänderung ist nichts anderes als eine Anwendung der Taylorformel, d.h. einer linearen Näherung der Barwertformel, welche die tatsächliche Krümmung (*Convexity*) nicht berücksichtigt, siehe Abbildung 2.

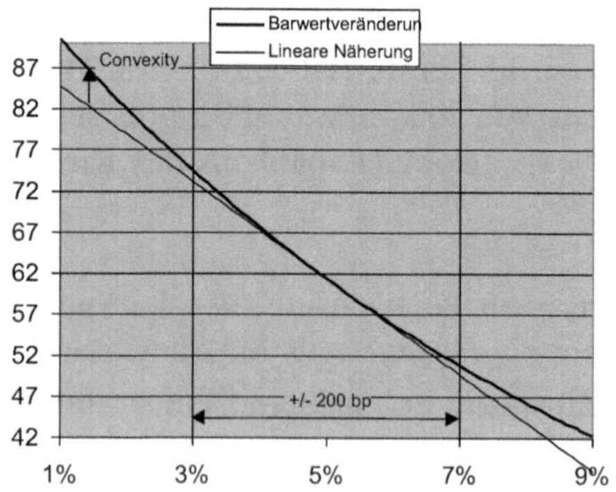

Abb. 1. Barwertänderung einer 10-Jährigen Null-Coupon Anleihe, Zinsniveau = 5%

Kredite und Anleihen haben nun über die periodischen Zinszahlungen bzw. Tilgungen natürlich mehrere Cashflows über die summiert wird um die Duration zu berechnen. Repräsentative Werte können der Tabelle 1 der *PRINCIPLES FOR THE MANAGEMENT AND SUPERVISION OF INTEREST RATE RISK* entnommen werden. Dort erhalten wir z.B. für 3-6 Monate $D_{3\text{-}6M}$ = 0,36 und $D_{6\text{-}12M}$ = 0,71.

Da diese Einteilung in Laufzeitbänder nicht dem Beispiel entspricht, muss eine eigene Rechnung erfolgen. Bei einem Marktzinsniveau r = 5% und angenommener Endfälligkeit bei den Laufzeitbändern erhalten wir D_{6M} = 0,476 und D_{12M} = 0,935 und daher als Wertrisiko auf Basis der Gaps einen Betrag von

$$\Delta W = \min\left(+\Delta r \sum_i D_i \cdot gap_i;\ -\Delta r \sum_i D_i \cdot gap_i \right)$$

$$= \min (+200bp*[0,476*(-100)+0,935*(+100)],$$
$$-200bp*[0,476*(-100)+0,935*(+100)]);$$

$$= -\ 0,9177 \text{ (möglicher Verlust)}$$

Das Barwert-Risiko ist also ca. 0,9% des Nominalbetrages oder ca. 9% des Kapitals. Die Reduktion gegenüber dem Ertragsrisiko kommt einerseits durch die Diskontierung der Beträge und andererseits durch die lineare Näherung des Zinseffektes zustande.

Das Beispiel zeigt, wie das Risiko als Reaktion auf schockartige Zinsänderungen berechnet werden kann, sowohl als Risiko auf den Barwert wie auf die Erträge. Außerdem kann man erkennen wie das Risiko als Prozentsatz des Eigenkapitals vergleichbar und verständlich gemacht werden kann.

Die Fristenbilanz kann als einfachste Form der Risikorechnung verhältnismäßig leicht berechnet und ausgewertet werden. Die Einfachheit geht auf Kosten der Genauigkeit, da die Laufzeitbänder relativ grobe Darstellungen liefern. Wichtig in dem Zusammenhang ist auch die Laufzeitfiktion (Benchmark) des Eigenkapitals sowie der sonstigen Aktiva. Probleme bestehen in der Darstellung von Optionen im Risikoprofil bzw. dem Einfluss von Volumensänderungen. Speziell das Verhalten von Kundeneinlagen ist schwierig einzubringen.

4 Kundeneinlagen

Meistens haben die Kundeneinlagen nicht eine effektive fixe Fälligkeit. Es wird ein Betrag angelegt und zu veränderbaren Raten verzinst, die an gewissen Zeitpunkten angepasst werden. Während die Zeit zwischen Anpassungen relativ kurz sein kann, z.B. bei täglich fälligen Einlagen, verbleiben die Kundeneinlagen meist deutlich länger bei der Bank (um so länger je höher die Kundenrate). Die Kundenrate selbst kann mehr oder weniger an Marktzinsen angepasst werden, bzw. werden müssen um Volumen zu halten. Die Anpassung selbst liegt bis zu gewissen Grenzen im Ermessen der Bank und wird von der Wettbewerbssituation bestimmt. Im Englischen spricht man von *administered rates.*

Die relative Länge der effektiven Anlagedauer kann eine Bank aktiv nutzen, da bei einer normalen Zinsstrukturkurve für längere Anlagedauern höhere Marktzinsen erzielt werden. Dieser Zusatznutzen kann potentielle Risiken überkompensieren. Man zielt darauf ab, definierte Teile der Kundeneinlagen mit definierten Fristen anzulegen. Dies erlaubt es manchen Banken, z.B. Direktbanken eine Verzinsung anzubieten, die über dem Marktniveau für kurzfristige Anlagen liegt. Je höher die effektive Anlagedauer ist und je weniger zinssensitiv die Kundeneinlagen sind, desto langfristiger können die Anlagen gewählt werden.

Hierbei ist die Frage zu klären, welcher Teil der Kundeneinlagen wie lange angelegt werden kann, bzw. effektiv gebunden ist. Um die Frage zu beantworten müssen die folgenden Schritte durchgeführt werden:

- Analysiere Kundenverhalten in der Vergangenheit nach den drei Risikoklassen des Kunden-Zinsrisikos: Preis, Zeit und Volumen

- Berechne Risiko und erwarteten Gewinn jeder Alternative.

Der Ansatz hierbei ist, möglichst viele einfache Anlage- und Anpassungsstrategien mit Daten der Vergangenheit zu simulieren, und dabei die risikoadjustiert profitabelste auszuwählen. Abgerufene Kundeneinlagen in einer Periode sollen dabei auch möglichst wahrscheinlich frei werden, Zinsanpassungen schnell genug geschehen, und damit mögliche Volumensverlusten begrenzen.

Diese Optimierung der Anlagestrategie zielt darauf ab, die effektive zukünftige Fristenstruktur der Einlagen herauszufinden (in Abhängigkeit von möglichen Zinsänderungen). Diese Analyse der Fristenstruktur ist aber gerade Voraussetzung für die Marktrisikomessung. Somit werden sowohl Ertragspotential wie auch Risikoabschätzung durch die gleichen Faktoren bestimmt.

Als Ergebnis erhält man eine Anlagestrategie, die das Kundenvolumen zu verschiedenen Laufzeiten anlegt, siehe Tabelle 2.

Tabelle 1. Investitionsregel im Zeitablauf

Laufzeit band	Vol.	Regel	Periode 1	2	3	4	5	6
1	1000	70%	700	640	623	621	631	635
2		15%	150	175	185	196	193	189
3		7%	70	89	103	100	95	94
4		4%	40	58	57	51	50	50
5		3%	30	31	26	25	25	25
6		1%	10	7	6	6	6	6

Es zeigt sich, dass bei der Betrachtung der Marktpreisrisiken daher das Kundenverhalten, die Anlagestrategie der Bank, sowie die Zinsentwicklung eine Einheit bilden.

5 Risikomessung

Bei Zeithorizonten von teilweise mehreren Jahren muss für die Risikomessung über den aktuellen Kundenbestand hinaus noch das Anlageverhalten des Kunden zur Abbildung von Volumensrisiken sowie die langfristige Zinsentwicklung und damit zusammenhängend die Zinsrisikosteuerung der Bank abgebildet werden. Einen Überblick, den die Gap-Darstellung nicht erlaubt, erzielen z.B. die Risikoprofile aus einer „Dynamischen Simulation".

Die Risikoprofile umgehen das Schätzproblem für die Verteilung der zukünftigen Zinsentwicklung durch die Gegenüberstellung von möglichem Zinssatz im Jahr x gegen Gewinn/Verlust (GuV) im Jahr x. Zeigt der simulierte Gewinn/Verlust in einem als möglich betrachteten Zinsbereich Verluste, bietet sich die Anpassung in der Konditionsgestaltung oder Anlagestrategie an, bzw. eine Absicherungsstrategie.

Die Dynamische Simulation kann bedingte Absicherungsstrategien berücksichtigen (z.B. Stop-Loss), die nicht in einer Zinsbindungsbilanz dargestellt werden können. Betrachten wir z.B. eine über 5 Jahre laufende endfällige Anleihe mit 5% aus Sicht 2000 im Jahr 2003 die mit Kundeneinlagen mit Fristigkeit 3-Monate refinanziert wurde. Aus der Fristentransformation entsteht ein Zinsrisiko, dessen mögliche Absicherung über eine Stop-Loss Strategie wir nun betrachten.

Im Risikoprofil kann die Zinsänderung gegen die mögliche GuV Wirkung aufgetragen werden, siehe Abbildung 3. Wahrscheinlichere Wirkungen sind dunkler, unwahrscheinliche heller dargestellt.

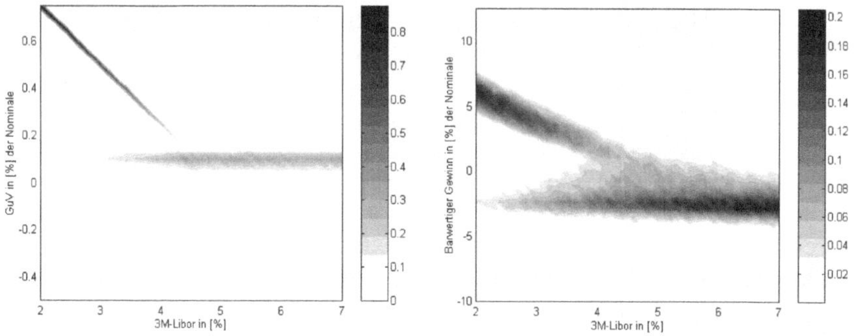

Abb. 2. Stop-Loss Strategie: Position schließen, wenn die Marge < 0,5%, Ertragssicht (links) Barwertsicht (rechts) als Risikoprofil (GuV gegen möglichen zukünftigen Zins)

Die Strategie ist offenbar aus Ertragssicht effektiv, jedoch wird ein Teil des möglichen Ertrags mit einer gewissen Wahrscheinlichkeit durch im nachhinein zu frühes Schließen der Position entfallen. Andererseits entsteht aus barwertiger Sicht nur ein Dämpfen von möglichem Verlustpotential, da im Ursprungsbarwert die zukünftigen erwarteten Erträge ja schon berücksichtigt waren.

Um die Entwicklung vom aktuellen Zinssatz zum jeweiligen Endzinssatz im dem Risikoprofil zu ermitteln, müssen vollständige Pfade der Zinsentwicklung vorliegen, die z.B. über eine stochastische Interpolation mit Brown'schen Brücken erzeugt werden können, siehe z.B. die Pfade zu den Anfangs- und Endzinsen in dem Risikoprofil in Abbildung 4.

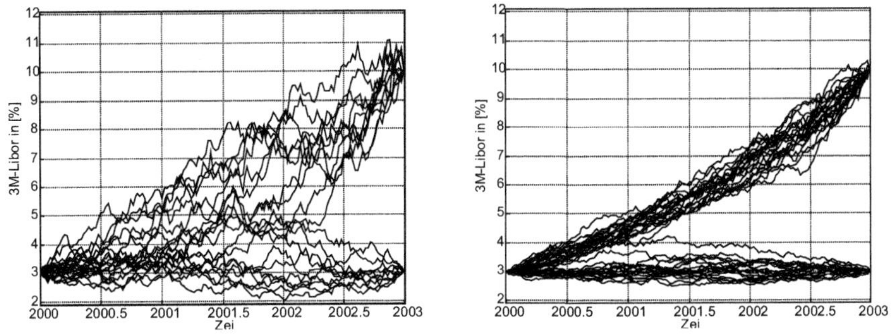

Abb. 4: Zinsszenarien mit Volatilität [p.a.] σ = 25% (links) und 10% (rechts): Start r_0 = 3% in 2000, Ende r_T = 3% bzw. 10% in T=2003.

Mit den so erzeugten Zinspfaden kann die Entwicklung des Zins-Gewinns/Verlustes durch die Zeit verfolgt werden, sowie der Einsatz von Hedgestrategien, bzw. der Einsatz von Zinsderivaten simuliert werden. Die Auswirkungen von Volumen, Strategie, Zinsen werden durch die Zeit verfolgt. Dazu wird jede Risiko- bzw. Ertragskomponente entwickelt:

- Marktzinsen werden als Risikoprofil aufgetragen (werden simuliert)
- Erfolg der Anlagestrategie (wird vom Marktzins bestimmt)
- Kundenzinsen (werden vom Marktzins und Anlageerfolg getrieben)
- Volumen (wird vom Kundenzins und dem Marktzins getrieben)

Die resultierenden Risikoprofile geben nicht nur Aufschluss darüber, welches Risiko entsteht, sondern auch wie es entsteht bzw. vermieden werden kann.

Zusammenfassung

Die in Basel II neu hinzukommenden Anforderungen an Zinsrisiken im Anlagebuch sowie eine gewisse Renaissance der Bankeinlagen stellen das Thema Marktrisiko in einen aktuellen Kontext. Das Spektrum an Methoden der Risikomessung wurde aufgezeigt, angefangen von der einfachsten Methode der Zinsbindungsbilanz bis zur Dynamischen Simulation. Die Risikomessung wurde dabei auch in den Kontext der aufsichtsrechtlichen Anforderungen an das Risikomanagement gestellt.

Literatur

Basel Committee on Banking Supervision (2001). *Principles for the Management and Supervision of Interest Rate Risk,* Consultative Document, Januar 2001.

Burmester, Ch. & Siegl, T. (2000). *Brown'sche Brücken zum modernen Asset & Liability Management*, Die Bank, 9, 636-639.

Deutsche Bundesbank (2001). *Die Neue Basler Eigenkapitalvereinbarung* in der Übersetzung der Deutschen Bundesbank vom Januar 2001.

Basel II und seine Bedeutung für Kleinstaaten

Marco J. Menichetti

Prof. Dr.; Fachhochschule Liechtenstein

Abstract

This paper deals with the consequences of banking regulation for banks and regulators in micro states. Up to now this topic had not been analyzed in the literature.

Banks in micro states are very often specialized banking institutions, dominantly present in the asset management market and active in the off-shore-business. Hence their balance sheet show high relations in interbank loans, but low relations for loans to corporate and private clients.

The new banking regulation proposal called Basel II will cause a lot of changes in equity claims by the regulators. Equity claims are much more influenced by probability of default than the current Basel Accord.

As the results of Quantitative Impact Study 2.5 show, banking institutions have to be prepared for much higher equity claims in loans to sovereigns and banks, but may count with much lower equity claims for loans to corporations and private clients. Big international banking institutions will therefore expect lower equity claims caused by credit risk, which will be compensated by the new equity claim caused by operational risks.

Banking institutions in micro states cannot expect such a compensation of opposed effects. They have to hold new equity for operational risks, but there is no relief in equity for credit risks, as they show a concentration in interbank credit relations and underdeveloped portfolios in consumer and corporate loans.

1 Einleitung

Weltweit werden Banken aufgrund ihrer volkswirtschaftlichen Funktion und Bedeutung reguliert und kontrolliert.[1] Denn für den einzelnen Einleger wäre es viel zu aufwändig und vielfach ist es ihm aufgrund fehlender Kenntnisse nicht möglich, seine Bank ständig zu überwachen.

1.1 Motivation: Kleinstaaten-Problematik

Der Begriff „Kleinstaaten" soll hier im Sinne von Kleinst-Staaten verstanden werden, also Stadtstaaten oder Staaten mit ungewöhnlich kleinem Hoheitsgebiet. Als Beispiele sind die Fürstentümer Liechtenstein und Monaco, die Republik San Marino, Andorra, Gibraltar, Jersey, Guernsey, Isle of Man, Cayman Islands, Bermudas, etc zu nennen.

Die in Wirtschaft oder Verwaltung eines Kleinstaates tätigen Menschen sind mit Besonderheiten konfrontiert, die man in grossen Flächenstaaten kaum kennt. Die hoheitlichen Verwaltungsaufgaben sind heutzutage höchst komplex und müssen in einem Kleinstaat genauso detailliert geregelt und überwacht werden wie in einem grossen Flächenstaat. Da in letzterem diese Aufgaben für eine Vielzahl an Menschen erbracht werden, kann der Flächenstaat „economies of scale" und „economies of scope" realisieren, der Kleinstaat dagegen nicht. Um diesen Kostennachteil auszugleichen muss der Kleinstaat die hoheitlichen Verwaltungsleistungen umso effizienter erstellen.

Die in einem Kleinstaat ansässigen Unternehmen sind in ihren wirtschaftlichen Aktivitäten zwar nicht auf das Hoheitsgebiet des Kleinstaates eingeschränkt, doch stellen schon rein regionale Transaktionen grenzüberschreitende Aktivitäten dar, die in der Regel zusätzliche Transaktionskosten (grenzüberschreitende Handelsbeschränkungen, Ein- und Ausfuhrerklärungen und ähnliche Formalitäten, Zölle und ähnliche Abgaben) erzeugen. Somit befinden sich auch die Unternehmen eines Kleinstaates zunächst in einer anderen Position als Unternehmen eines Flächenstaates, denen der vielfach grössere Binnenmarkt zur Verfügung

[1] Vgl. Santos (2000), S. 10.

steht.[2] Diesen Nachteil in Form höher Transaktionskosten müssen Unternehmen in Kleinstaaten auf anderen Ebenen ausgleichen, wollen sie nicht dauerhafte Nachteile gegenüber Unternehmen aus Flächenstaaten hinnehmen. Eine Kompensation solcher Nachteile kann über landesspezifische Wettbewerbsvorteile oder unternehmensspezifische Wettbewerbsvorteile[3] erreicht werden. Die Realität zeigt, dass es tatsächlich möglich ist, die Nachteile eines Kleinstaatendaseins kompensieren zu können.[4] Nur so ist der Erfolg mittelständischer und grosser Industrieunternehmen sowie des Finanzdienstleistungssektors in Liechtenstein zu erklären.

Doch wie wirkt nun die neue Bankenregulierung speziell auf einen Kleinstaat? Diese Frage wurde bisher in der Literatur kaum behandelt. Sie führt zu einer Reihe von Folgefragen, die Gegenstand weiterer Forschungsprojekte sein können: Wird die Wettbewerbsposition von Banken in Kleinstaaten durch Basel II beeinflusst? Gibt es besondere Auswirkungen von Basel II auf die Finanzmarktaufsicht in Kleinstaaten? Ziehen die Banken in Kleinstaaten aus Basel II andere Konsequenzen als Banken in Flächenstaaten mit entsprechenden Auswirkungen auf das Kreditgeschäft mit klein- und mittelständischen Unternehmen?

Mit diesem Beitrag werden keine Antworten zu diesen speziellen Fragen angestrebt. Ziel dieses Beitrages ist es, einen allgemeinen Überblick über die Auswirkungen von Basel II für die Banken und die Finanzmarktaufsicht in Kleinstaaten zu geben. Es ist hervorzuheben, dass die Ausführungen auf den Regulierungsvorschlägen von Ende 2002 beruhen.

1.2 Der Weg vom Basler Akkord zu Basel II

Die staatliche Bankenregulierung, die in den verschiedenen Nationalstaaten noch bis in die zweite Hälfte des 20. Jahrhunderts sehr unterschiedlich geregelt war, sieht sich inhaltlich einer weltweiten Tendenz zur Konvergenz ausgesetzt.

---

[2] Dieser Aspekt unterstreicht die Bedeutung des 1995 vollzogenen Beitritts des Fürstentums Liechtenstein zum Europäischen Binnenmarkt (EWR).

[3] Vgl. Hill (2001), S. 32 ff, S. 376 ff .

[4] Vgl. Kocher (2002).

Der bei der Bank für Internationalen Zahlungsausgleich angesiedelte Basler Ausschuss für Bankenaufsicht arbeitet seit 1974 an einer internationalen Sichtweise der nationalen Bankenregulierungen mit dem Ziel eines Erfahrungsaustauschs zwischen den Überwachungsbehörden und der verbesserten Überwachung der international tätigen Banken. Das Gremium wurde von den Zentralbankpräsidenten der G10-Länder zunächst als informelles Forum ins Leben gerufen und besteht heute aus Vertretern aus 13 Ländern.[5]

Im Jahre 1988 veröffentlichte der Basler Ausschuss die Empfehlung „Internationale Konvergenz der Eigenkapitalmessung und Eigenkapitalforderungen" mit dem Ziel, weltweit einheitliche Wettbewerbsbedingungen und eine angemessene Höhe der Eigenkapitalausstattung für die Banken zu erhalten.[6] Dieser sog. Basler Akkord wurde wenig später in EU-Richtlinien aufgenommen und somit für die Finanzmärkte der EU zwingend umgesetzt. Mittlerweile wurde der Akkord in über 100 Ländern in nationales Aufsichtsrecht umgesetzt.

Inhaltlich beschäftigte sich der Akkord hauptsächlich mit der Beschränkung des Kreditrisikos, das insbes. auf der Adresse des Kreditnehmers aufbaute.[7] Als Folge des Basler Akkords war eine Erhöhung der Eigenkapitalquoten wie auch eine Verringerung der Wettbewerbsverzerrungen zu verzeichnen. Folgende Abbildung zeigt auf, dass Adressenkategorien und Länderherkunft den Gewichtungsfaktor und damit die Höhe des zu hinterlegenden Eigenkapitals bestimmten.

Doch mit der Zeit setzte sich die Erkenntnis durch, dass die grobe Einteilung der Kreditrisiken in Standardkategorien sowie die Aufteilung in zwei Länderzonen zu pauschal ist und folglich wenig Anreize zu einem effizienten Einsatz von Kapital und Risiken bot.[8] Die zwischenzeitlich an Bedeutung stark gewachsenen Derivate und die daraus resultierenden Risiken wurden im Basler Akkord ebenfalls nicht berücksichtigt. Viele Marktteilnehmer wünschten eine stärkere Ausrichtung der Eigenkapitalanforderungen am Gesamtrisikoprofil einer Bank.

---

[5] Belgien, Deutschland, Frankreich, Grossbritannien, Italien, Japan, Kanada, Luxemburg, Niederlande, Schweden, Schweiz, Spanien, USA.

[6] Vgl. Basel Committee on Banking Supervision (1988).

[7] Vgl. Paul (2001), S. 16.

[8] Vgl. Abicht/ Althans/ Dartsch (2002), S. 23.

Risikoklasse	Wesentliche Risikoaktiva	Bonitäts-gewicht	Eigenkapital-verbrauch
I	Forderungen an Zentralbanken und öff. Haushalte des Inlands sowie der Präferenz-zone A (EU-Staaten und weitere OECD-Vollmitglieder	0,0%	0,0%
II	Pfandbriefe	10%	0,8%
III	Forderungen an Banken im Inland, der Zone A sowie der Zone B bei Laufzeit ≤ 1 Jahr	20%	1,6%
IV	Hypothekarkredite, Swaps, Termingeschäfte, Optionen	50%	4,0%
V	Bauspardarlehen	70%	5,6%
VI	Wertpapiere, Beteiligungen, Forderungen an Nichtbanken sowie Banken außerhalb der Zone A Bei Laufzeit ≥ 1 Jahr	100%	8,0%

Abb. 1. Behandlung der Kreditrisiken nach Basler Akkord von 1988.
Quelle: Paul (2001), S. 16

Als Folge dieser Schwächen nutzten die Banken die Regulierungsdefizite bewusst aus, indem sie vermehrt nicht bilanzwirksame Risiken eingingen oder Kreditrisiken aus der Bankbilanz auslagerten.[9]

Diese Entwicklungen führten dazu, dass der Basler Ausschuss sich mit einer Neuformulierung der Aufsichtsregeln beschäftigte und im Jahre 1999 den Marktteilnehmern ein erstes Konsultationspapier vorlegte.

2 Der neue Basler Akkord (Basel II)

Das den verschiedenen Interessensgruppen 1999 vorgelegte Konsultationspapier erzeugte umfangreiche Reaktionen, die vielfältige Veränderungen und Anpassungen erforderten. Daraufhin folgte in 2001 die Veröffentlichung der überarbeiteten Version. Man rechnet mit einer Verabschiedung in 2003 und ersten Umsetzungen frühestens zum 1.1.2007.

[9] Vgl. Deutsche Bundesbank (2001), S. 16.

2.1 Die Zielsetzung von Basel II

Die Hauptzielsetzung des neuen Regulierungvorschlags besteht darin, die „... Sicherheit und Solidität des Finanzwesens fördern soll...“[10], wobei jedoch eine Reihe von Nebenbedingungen erfüllt sein sollten:

- das gegenwärtigen Eigenkapitalniveau sollte erhalten bleiben,
- die Wettbewerbsgleichheit zwischen den verschiedenen Bankengruppen sollte national wie auch international verbessert werden,
- die unterschiedlichen Bankrisiken sollten umfassender, differenzierter und individueller behandelt werden,
- die neue Regulierung sollte den Kreditinstituten verstärkt Freiräume gewähren.

Im Vergleich zum Basler Akkord kann Basel II durchaus als epochale Veränderung[11] bezeichnet werden. So wird allgemein anerkannt, dass die neuen Regeln eine verbesserte Risikosensitivität aufweisen und auch Anreize für ein verfeinertes Risikomanagement beinhalten. In den Regeln werden die „best practices“ im Bankensektor als entscheidende Grundlage anerkannt, bankinterne Verfahren erhalten eine breite Anwendungsmöglichkeit, den Banken wird die Freiheit der Methodenwahl zugestanden, die Aufsichtstätigkeit innerhalb der Banken sowie die Offenlegung und Nutzung der Marktmechanismen werden verstärkt. Während der Basler Akkord Ausdruck einer quantitativ orientierten Aufsichtsphilosophie war, so ist nun eine Hinwendung zu einer qualitativen Aufsichtsphilosophie zu erkennen.

2.2 Die drei Säulen von Basel II

Das neue Konsultationspapier enthält Vorschriften zu drei Teilgebieten, die allgemein als die Säulen der neuen Regulierung bezeichnet werden. Neben der Säule 1, die die Mindest-Eigenkapitalanforderungen regeln, besteht die neue Vorschrift noch zusätzlich aus dem aufsichtlichen Überprüfungsverfahren (Säule 2) sowie der Marktdisziplin (Säule 3).

---

[10] Basler Ausschuss für Bankenaufsicht (2001), S. 7.

[11] Vgl. Paul (2001), S. 6.

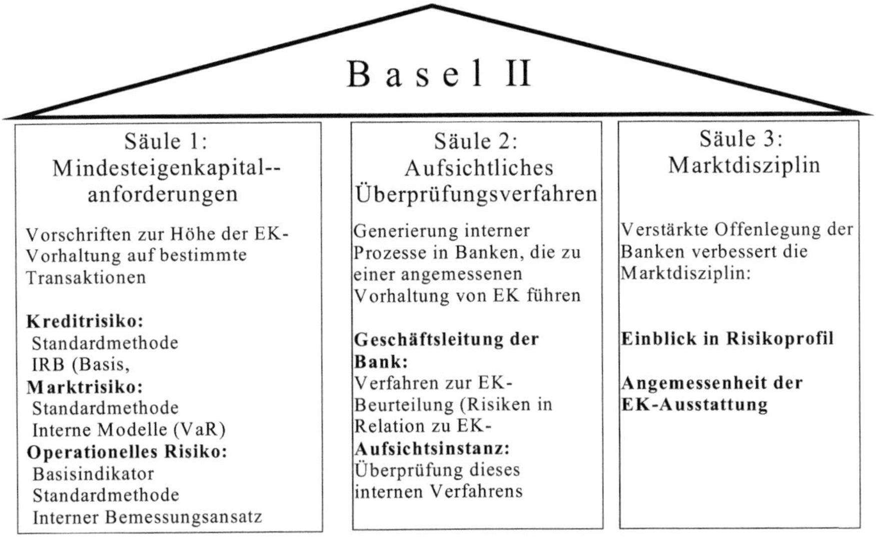

Abb. 2. Basel II-Architektur

Als die wesentlichsten Neuerungen gegenüber dem ersten Basler Akkord sind anzuführen:

- Veränderungen in der Behandlung bzw. Messung des Kreditrisikos (Säule 1),
- Aufnahme des operationellen Risikos (Säule 1),
- Zinsänderungsrisiko im Anlagebuch der Banken (Säule 2),
- aufsichtsrechtliches Überprüfungsverfahren (Säule 2), das über die bisherige Überprüfung zur Einhaltung der Mindestkapitalanforderungen hinausgeht,
- deutlich ausgeweitete Informationspflichten der Banken und Nutzung von Marktmechanismen (Säule 3).

Säule 1: Mindest-Eigenkapitalanforderungen

Während die Definition des Eigenkapitals aus dem Basler Akkord unverändert übernommen wurde (zu unterscheiden sind Kern-, Ergänzungs- und Zusatzkapital), sind grosse Veränderungen bei der Messung des Risikos festzustellen. Verändert zeigt sich die Messung des Kreditrisikos, das operationelle Risiko kommt neu hinzu, dagegen zeigen sich keine Veränderungen bei der Ermittlung des Marktrisikos. Die Mindesteigenkapitalquote bleibt bei 8% der gewichteten Risikopositionen[12].

a) Kreditrisiko

Verfahren zur Messung des Kreditrisikos

In Zukunft ist die Eigenkapitalhinterlegung der Bank für einen gewährten Kredit differenzierter zu berechnen. Die Bank muss mithilfe zuverlässiger Prognosen die Ausfallwahrscheinlichkeit des Kredits bewerten. Zur Berechnung der Eigenkapitalanforderungen für das Kreditrisiko sind zwei Verfahren vorgesehen:[13] Im Standardansatz wird mit externen Ratings gearbeitet, im „Internal Ratings Based Approach" (IRB) arbeiten die Banken mit institutsinternen Ratings.[14]

Im Standardansatz nimmt eine Bank die externen Ratings spezialisierter Agenturen wie z.B. Standard and Poor´s (mit Rating-Kategorien von AAA, AA, A, BBB usw. bis C) zuhilfe. Die Höhe des Ratings (bzw. der Ausfallwahrscheinlichkeit) eines Kreditnehmers bestimmt die Höhe der Eigenmittelhinterlegung für diesen Kredit. So liegt beispielsweise für Kredite an Nichtbanken das Bonitätsgewicht zwischen 20% und 150%. Daraus ergibt sich für die Höhe des zu hinterlegenden Eigenkapitals ein Satz zwischen 1,6% und 12% des Kreditbetrages.[15]

Die folgende Abbildung bietet eine Übersicht über die Bonitätsgewichte nach dem Standardansatz.

Bei der Wahl des „Internal Ratings Based Approach" sind insgesamt vier Stufen zu durchlaufen.[16] Zunächst muss die Bank alle Aktiva des Anlagebuchs in eine von sechs vorgegebenen Klassen einordnen: Staaten,

---

[12] Vgl. Wilkens/Entrop/Völker (2001), S. 187.

[13] Vgl. Basler Ausschuss für Bankenaufsicht (2001b), S. 14.

[14] Vgl. Boos/Schulte-Mattler (2001a), (2001b), (2001c).

[15] Vgl. Basler Ausschuss für Bankenaufsicht (2001a), S. 7 ff.

[16] Vgl. Paul (2001), S. 20 f.

Rating Standard & Poors	AAA bis AA–	A+ bis A–	BBB+ bis BBB–	BB+ bis BB–	B+ bis B–	Unter B	Ohne Rating
Rating ECAI	0	1	2	3	4 à 6	7	
Staaten	0 %	20 %	50 %	100 %	100 %	150 %	100 %
Banken (Option 1)	20 %	50 %	100 %	100 %	100 %	150 %	100 %
Banken (Option 2)	20 %	50 %	50 %	100 %	100 %	150 %	50 %
Banken (Option 2, Fälligkeit < 3 Monate)	20 %	20 %	20 %	50 %	50 %	150 %	20 %
Andere (keine Banken)	20 %	50 %	100 %	100 %	150 %	150 %	100 %
Immobiliar-Kredite	40 %						
Asset Verbriefung	20 %	50 %	100 %	350 %	Abzug	Abzug	Abzug
Andere Aktivposten	100 %						
Retail	Kleine Unternehmen und Privatpersonen: 75 %						

Abb. 3. Bonitätsgewichte nach externem Rating (Standardansatz).
Quelle: Borysiak, Geginat, Herkes (2003), S. 4

Banken, Nichtbanken, Privatkundengeschäft, Projektfinanzierung, und Beteiligungsbesitz.

Für die Festlegung der Bonitätsgewichte sind anschliessend bestimmte Risikoparameter zu berechnen und nun erst stellt sich die Wahl zwischen IRB-Basisansatz (foundation approach) und IRB-Fortgeschrittenen-Ansatz (advanced approach). Die Risikoparameter sind

- Ausfallwahrscheinlichkeit PD ,
- Ausfallrate LGD als Prozentsatz des Kredits,
- Forderungsbeträge bei Ausfall EAD,
- Restlaufzeit M.

Im IRB-Basisansatz schätzt die Bank nur die Ausfallwahrscheinlichkeit und greift für die anderen Risikokomponenten auf die Vorgaben der Bankenaufsicht zurück. Im IRB-fortgeschrittenen-Ansatz kann die Bank alle Komponenten selbst schätzen. Auf der dritten Stufe werden kreditnehmerspezifische Risikogewichte und daraus ein aggregierter Risikowert der Gesamtbank-Aktiva ermittelt.

Auf der vierten Stufe ist schliesslich eine Korrektur für die institutsspezifische Granularität (Diversifikationsgrad) des Kreditportfolios vorzunehmen.

Auswirkungen auf die Eigenmittelvorhaltung

Je ausfallgefährdeter ein Kredit ist, desto höher die Eigenmittelhinterlegung. Dies hat Auswirkungen auf die Kostenkalkulation eines Kredits: Je mehr Eigenmittel hinterlegt werden müssen, desto höher die Eigenkosten der Bank und desto höher der Kreditzins. Während in der Vergangenheit im Kreditgeschäft eher eine Mischkalkulation mit einheitlichen Kreditzinssätzen verfolgt wurde (da Basel I grundsätzlich keine Differenzierung nach Ausfallwahrscheinlichkeit vorsieht), wird sich das Kreditgeschäft der Zukunft durch eine risikoorientierte Konditionengestaltung auszeichnen. Abbildung 4 verdeutlicht die zu erwartende stärkere Spreizung der Kreditzinsen. Diese führt zu bonitätsabhängigen Veränderungen in den Zinskosten

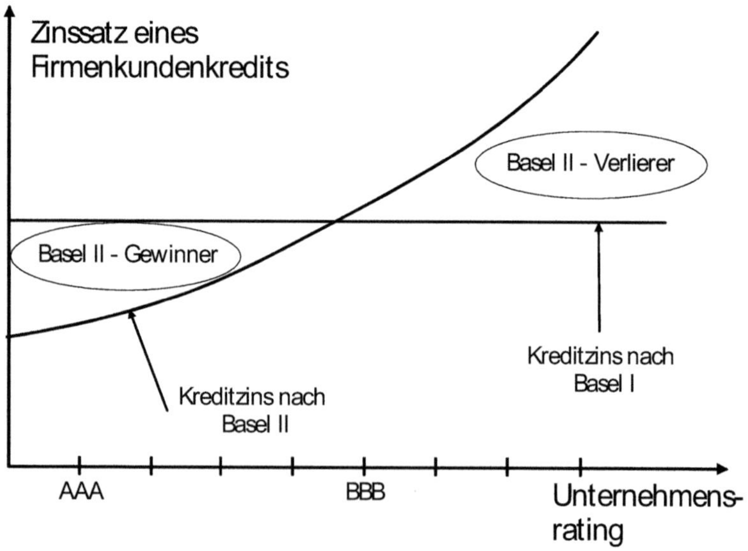

Abb. 4. Risikoabhängiger Kreditzinssatz

für die Kreditinanspruchnahme. Linksseitig des Schnittpunktes der beiden Zinssatzkurven finden wir die Gewinner von Basel II, rechtsseitig die Verlierer, die aufgrund von Basel II mit höheren Zinskosten als zuvor rechnen müssen.

Im Vergleich zum Basler Akkord von 1988 sind veränderte Vorschriften zur Eigenkapitalhinterlegung zu beachten. Vom Basler Ausschuss gemeinsam mit einer Reihe von Banken vorgenommene Studien erwecken den Eindruck, dass die Eigenkapitalhinterlegung für Kreditrisiken im Durchschnitt um 8 % zurückgeht, wie folgender Tabelle entnommen werden kann.[17] Die Studie umfasste jedoch nur grosse, breit diversifizierte und international tätige Banken.[18]

Von diesem Durchschnittswert zu unterscheiden ist die Veränderung in der Eigenkapitalvorhaltung für unterschiedliche Kreditportfolios. Tabelle 1 zeigt, dass für Kreditvergaben an Unternehmen und Private die Eigenmittelhinterlegung deutlich zurückgeht, während andererseits Kredite an Staaten sowie an Banken zukünftig eine höhere Eigenmittelhinterlegung erfordert.

Tabelle 1. Beitrag unterschiedlicher Kreditportfolios zur Veränderung der Eigenkapitalvorhaltung bei IRB-Basisansatz.[19]

Portfolio	% of Assets	% of Current capital requirements	% Change under IRB foundation	Relative contribution in QIS 2.5
Corporate	47	65	- 7	- 4
Sovereign	10	1	+ 215	+ 2
Interbank	21	8	+ 47	+ 4
Retail	22	26	- 37	- 9
Overall	100			- 8

Wenn wir bedenken, dass diese Tabelle das Ergebnis grosser, internationaler Banken wiederspiegelt, so können sich für einzelne Banken in Kleinstaaten grosse Abweichungen hiervon ergeben. Banken, die vornehmlich

[17] Vgl. Basel Committee on Banking Supervision (2002), S. 4.

[18] Mit einem Kernkapital von über 3 Mrd. EUR.

[19] Vgl. Basel Committee on Banking Supervision (2002), S. 4.

im Privatkunden-Kreditgeschäft tätig sind werden zu den Gewinnern von Basel II zählen, da sich der Eigenmittelbedarf für dieses Portfolio um 37% reduzieren wird. Banken, die vornehmlich im Interbanken-Kreditgeschäft (bzw. in der Staatsfinanzierung) tätig sind, werden dagegen zu den Verlieren von Basel II zählen, da sich ihr Eigenmittelbedarf um 47% (bzw. um 215%) erhöhen wird.

Je nach Zusammensetzung des Gesamt-Kreditportfolios einer Bank können sich erhebliche Veränderungen in der Eigenmittelhinterlegung ergeben.

b) Marktrisiko

Die bestehenden Messverfahren für das Marktrisiko, das sich auf Wertschwankungen der Bestände des Handelsbuchs bezieht, bleiben erhalten und werden somit nicht im Konsultationspapier speziell behandelt.[20] Neben Standardverfahren stehen auf internen Modellen beruhende Ansätze (Value at Risk-Verfahren) zur Verfügung.

c) Operationelle Risiken

Verfahren zur Messung des operationellen Risikos

Neu ist der Ansatz des operationellen Risikos. Darunter ist die Gefahr von unmittelbaren oder mittelbaren Verlusten zu verstehen, die infolge der Unangemessenheit oder des Versagens von internen Verfahren, Menschen oder Systemen oder von externen Ereignissen eintreten.[21]

Zur Berechnung der Eigenkapitalanforderung (*EKA*) aufgrund operationeller Risiken stehen zwei Ansätze zur Verfügung: der Basisindikatoransatz, der Standardansatz sowie der Interne Bemessungsansatz.[22]

Nach dem Basisindikatoransatz errechnet sich *EKA* gemäss

$$EKA = (\alpha \cdot Ind)$$

---

[20] Vgl. Paul (2001), S. 17.

[21] Vgl. Boos/Schulte-Mattler (2001d), S. 549.

[22] Vgl. Basler Ausschuss für Bankenaufsicht (2001a), S. 104 f.

Der Faktor α wird mit global 30% fixiert, als Indikatorgrösse (*Ind*) wird der Bruttoertrag genannt, der sich aus Zinsergebnis und zinsunabhängigem Ertrag zusammensetzt. Der Faktor wird letztlich noch einer Kalibrierung unterzogen werden,[23] da der Basler Ausschuss ausgehend vom gesamten ökonomischen Eigenkapitalerfordernis ca. 20% als durch das operationelle Risiko verursacht sieht.[24]

Im Standardansatz wird im Gegensatz zum Basisindikatoransatz die Risikobasis eingehender spezifiziert, indem acht verschiedene Geschäftsfelder (*GF*)[25] aufgelistet und über die Kapitalfaktoren β_i gewichtet werden.

$$EKA = \sum_{i=1}^{7} \left(\beta_{GF_i} \cdot Ind_{GF_i} \right)$$

Als Geschäftsfelder werden Unternehmensfinanzierung, Handel, Privatkundengeschäft, Commercial Banking, Zahlungsverkehr, Depotgeschäft, Wertpapierprovisionsgeschäft und Vermögensverwaltung genannt. Als Indikatoren für die jeweiligen Geschäftsfelder gelten spezifische Kenngrössen wie „Assets under Management" bei der Vermögensverwaltung oder „Volume of Transactions" beim Privatkundengeschäft.[26]

Noch genauer als der Standardansatz ist der interne Bemessungsansatz, der die Einbeziehung gesammelter Verlustdaten im Bereich operationeller Risiken in die Höhe der Eigenmittelvorhaltung vorsieht. Hier werden wie im Standardansatz *i* Geschäftsfelder definiert und zusätzlich *j* Risikotypen eingeführt und auf alle Geschäftsfelder angewandt. Dabei legt die Bankaufsicht den Gefährdungsindikator *EI* (event indicator) fest. Die Banken bemessen *PE* (probability of event) und *LGE* (loss given event). Der erwartete Verlust *EL* (expected loss) errechnet sich dann nach

$$EL = EI \cdot \left(PE \cdot LGE \right)$$

---

23 Vgl. Basler Ausschuss für Bankenaufsicht (2001b), S. 34.

24 Vgl. Basel Committee on Banking Supervision (2001a), S. 6.

25 Vgl. Basler Ausschuss für Bankenaufsicht (2001a), S. 104.

26 Vgl. Basel Committee on Banking Supervision (2001a), S. 23.

Die Bankaufsicht legt für jedes Geschäftsfeld i und Risikotyp j den Faktor γ fest, mit dessen Hilfe EL in die Höhe der Eigenkapitalanforderung EKA umzurechnen ist.[27]

$$EKA = \sum_i \sum_j \gamma_{i,j} \cdot EI_{i,j} \cdot \left(PE_{i,j} \cdot LGE_{i,j}\right)$$

Die Vorgabe von Geschäftsfeldern und Risikotypen beschränkt die Möglichkeit der Banken, ihr operationelles Risiko möglichst zutreffend zu ermitteln. Aus diesem Grund erwägt der Basler Ausschuss, zu einem späteren Zeitpunkt den Banken mehr Flexibilität zuzugestehen und ihre eigenen Geschäftsfelder und Risikotypen zu definieren.[28]

Auswirkungen auf die Eigenmittelvorhaltung

Das operationelle Risiko kann sich sehr unterschiedlich auf die Eigenmittelvorhaltung auswirken. Es kann davon ausgegangen werden, dass etwa 15-20% des ökonomisch notwendigen Eigenkapitals durch das operationelle Risiko verursacht werden. Das Ergebnis einer Studie aus 89 Banken zeigte, dass 15,46% der notwendigen Eigenmittel auf das operationelle Risiko zurückzuführen sind.[29] Es muss jedoch davor gewarnt werden, die in der folgenden Tabelle dargestellten Zahlen zu verallgemeinern. Einerseits streuen die Angaben sehr stark. Andererseits sind diejenigen Banken, die Angaben zum Anteil der Eigenmittel für das operationelle Risiko an der Gesamthöhe der ökonomisch notwendigen Eigenmittel machen, nicht in allen Geschäftsfeldern aktiv. Zudem können die Angaben je Geschäftsfeld beeinflusst sein von der relativen Bedeutung dieses Geschäftsfeldes in der Bank.[30]

Doch unabhängig von dieser Datenproblematik wird deutlich, dass unterschiedliche Geschäftsfelder unterschiedlich viel Eigenmittelhinterlegung für das operationelle Risiko erfordern und dies mitunter auch nicht übereinstimmt mit der Profitabilität der Geschäftsfelder. Folglich ergibt sich hier dasselbe Problem wie bei der Eigenmittelhinterlegung für Kreditrisiken: Je

---

[27] Vgl. Basel Committee on Banking Supervision (2001a), S. 9.

[28] Vgl. Basel Committee on Banking Supervision (2001a), S. 10.

[29] Vgl. Basel Committee on Banking Supervision (2003), S. 36.

[30] Vgl. Basel Committee on Banking Supervision (2003), S. 37.

Tabelle 2. Eigenkapital für operationelle Risiken und Bruttogewinn je Geschäftsfeld. Quelle: Basel Committee on Banking Supervision (2003), S. 36.

Business Line	Shares of Economic Capital for opRisk by Business Line	Shares of Gross Income by Business Line
Ratio of Economic Capital for opRisk to Total Economic Capital	*15,46%*	
Corporate Finance	7,56 %	7,81 %
Trading & Sales	17,80 %	15,71 %
Retail Banking	45,54 %	48,97 %
Commercial Banking	17,51 %	23,57 %
Payment and Settlement	8,00 %	5,06 %
Agency Services	6,52 %	4,44 %
Asset Management	7,22 %	4,47 %
Retail Brokerage	7,54 %	6,52 %

nach Schwerpunkt-Geschäftsfeld einer Kleinstaat-Bank kann sie durch Basel II gegenüber Grossbanken benachteiligt oder bevorzugt werden.

Säule 2: Überprüfungsverfahren der Aufsicht

Mit der Säule 2 soll sichergestellt werden, dass jede Bank solide interne Verfahren implementiert, mit denen die Angemessenheit des vorhandenen Eigenkapitals anhand einer umfassenden Bewertung ihrer Risiken beurteilt werden kann. Die Bankenaufsicht muss beurteilen, wie gut und wie zutreffend die Banken ihren Eigenmittelbedarf im Verhältnis zu den eingegangenen Risiken abschätzen.[31] Zur Erreichung dieses Zieles hat der Basler Ausschuss vier zentrale Grundsätze des aufsichtlichen Überprüfungsverfahrens sowie Vorschriften zur aufsichtlichen Überprüfung der Einhaltung der Mindeststandards entwickelt.[32]

[31] Vgl. Basler Ausschuss für Bankenaufsicht (2001b), S. 34.

[32] Vgl. Basel Committee on Banking Supervision (2001b), S. 3 ff.

a) Bedeutung des aufsichtlichen Überprüfungsverfahrens

Die Bedeutung der Säule 2 ist insbesondere darin zu sehen, dass sie zu einem aktiveren und intensiveren Dialog zwischen Bank und Aufsichtsorgan führt.[33] Die stärkere Inpflichtnahme der Aufsichtsorgane soll keineswegs dazu führen, dass das Bankmanagement die Verantwortung zum Halten einer den Risiken angemessenen Eigenkapitalhöhe auf die Aufsichtsorgane verlagert. Die Verantwortung für die Steuerung der Risiken verbleibt beim Bankmanagement.

b) Die Grundsätze der aufsichtlichen Überprüfung

Grundsatz 1:

„Banken sollten ein Verfahren zur Beurteilung ihrer angemessenen Eigenkapitalausstattung im Verhältnis zu ihrem Risikoprofil sowie eine Strategie für den Erhalt ihres Eigenkapitalniveaus aufweisen."[34]

Dabei sollten die Verfahren die folgenden Aspekte beachten:[35] Überwachung durch Geschäftsleitung und oberstes Verwaltungsorgan, gut fundierte Beurteilung der Kapitalausstattung, umfassende Einschätzung und Beurteilung der Risiken, Überwachung und Berichtswesen sowie Überprüfung des internen Kontrollsystems.

Grundsatz 2:

„Die Aufsichtsinstanzen sollten die bankinternen Beurteilungen und Strategien zur angemessenen Eigenkapitalausstattung überprüfen und bewerten; Gleiches gilt für die Fähigkeit der Banken, ihre aufsichtsrechtlichen Eigenkapitalanforderungen zu überwachen und deren Einhaltung sicherzustellen. Die Aufsichtsinstanzen sollten angemessene aufsichtsrechtliche Massnahmen ergreifen, wenn sie mit dem Ergebnis dieses Verfahrens nicht zufrieden sind."[36]

---

[33] Vgl. Basler Ausschuss für Bankenaufsicht (2001a), S. 114.

[34] Basler Ausschuss für Bankenaufsicht (2001a), S. 115.

[35] Vgl. Basel Committee on Banking Supervision (2001b), S. 5 f.

[36] Basler Ausschuss für Bankenaufsicht (2001a), S. 119.

Grundsatz 3:

„Die Aufsichtsinstanzen sollten von den Banken erwarten, dass sie eine höhere Eigenkapitalausstattung als das aufsichtsrechtlich geforderte Mindesteigenkapital vorhalten, und die Aufsichtsinstanzen sollten die Möglichkeit haben, von den Banken eine höhere als die Mindesteigenkapitalausstattung zu fordern.“[37]

Grundsatz 4:

„Die Aufsichtsinstanzen sollten frühzeitig eingreifen, um zu verhindern, dass das Eigenkapital unter die geforderte Mindestausstattung fällt, die aufgrund des Risikoprofils einer bestimmten Bank notwendig ist. Sie sollten schnelle Abhilfe fordern, wenn das Eigenkapital nicht erhalten oder nicht wieder ersetzt wird.“[38]

Der Inhalt dieser Grundsätze verdeutlicht, wie eng Säule 2 mit Säule 1 verwoben ist. Säule 1 beschreibt die quantitativen Vorschriften zur Mindest-Eigenkapitalbestimmung, Säule 2 beschreibt dagegen, wie mit diesen Vorschriften qualitativ umzugehen ist. Der Basler Ausschuss sieht vor, dass die Aufsicht Vor-Ort-Prüfungen und Gespräche mit dem Bankmanagement durchführt. Auch wird angenommen, dass die Aufsichtsinstanzen ihren Personalbestand erhöhen müssen, um diesen Überprüfungsaufgaben nachkommen zu können.[39]

Andere Aspekte des aufsichtlichen Überprüfungsverfahrens

Neben den zentralen Grundsätzen des aufsichtlichen Überprüfungsverfahrens hat der Basler Ausschuss auch Grundsätze für Transparenz und Verantwortlichkeit des Überprüfungsverfahrens sowie Vorschriften zur Behandlung des Zinsänderungsrisikos im Anlagebuch vorgegeben.[40]

Die Bankaufsicht kann nicht als exakte Wissenschaft bezeichnet werden, so dass Entscheidungsspielräume innerhalb des Überprüfungsverfahrens

---

37 Basler Ausschuss für Bankenaufsicht (2001a), S. 121.

38 Basler Ausschuss für Bankenaufsicht (2001a), S. 122.

39 Vgl. Basler Ausschuss für Bankenaufsicht (2001b), S. 37.

40 Auf die Erfassung des Zinsänderungsrisikos im Anlagebuch soll hier nicht näher eingegangen werden.

unvermeidbar sind. Transparenz und Berechenbarkeit der Aufsichtsinstanzen stellen deshalb wichtige Anforderungen dar; Aufsichtsinstanzen sollten vorab klar kommunizieren, was sie wie messen und wie sie auf bestimmte Ergebnisse reagieren werden.[41]

Säule 3: Offenlegungsvorschriften der Banken (Marktdisziplin)

Komplementär zu den quantitativen Vorschriften der Säule 1 und den qualitativen Vorschriften der Säule 2 soll auch die Förderung der Marktdisziplin eingesetzt werden, um Sicherheit und Solidität des Bank- und Finanzsystems zu erreichen.[42]

Es wird erwartet, dass eine aussagekräftige und umfangreiche Offenlegung der Banken von den Marktteilnehmern analysiert wird und sich daraus Rückwirkungen für die Auswahl künftiger Geschäftspartner ergibt (einwandfreie Marktfunktion vorausgesetzt). Damit ergeben sich für die Banken wichtige Anreize zu einem sorgfältigen Risikomanagement. „Market discipline will be tougher than any supervisory and more immediate“, so Bill McDonough, Federal Reserve Bank New York.[43]

Zu unterscheiden sind vier Offenlegungsbereiche, zu denen die Bank Informationen gewähren sollte:[44]

- der Anwendungsbereich der neuen Eigenkapitalvorschriften,
- die Eigenkapitalstruktur der Bank im Detail,
- die Darstellung der eingegangenen Risiken und ihre Beurteilung (Kreditrisiko im Anlagebuch, Marktrisiko[45], operationelles Risiko, Zinsänderungsrisiko im Anlagebuch),
- Angemessenheit der vorhandenen Eigenkapitalausstattung.

---

[41] Vgl. Basler Ausschuss für Bankenaufsicht (2001b), S. 37.

[42] Vgl. Basler Ausschuss für Bankenaufsicht (2001b), S. 38.

[43] Berry, J.M. (2001).

[44] Vgl. Basel Committee on Banking Supervision (2001c), S. 7 ff.

[45] Zum Marktrisiko zählen: Zinsänderungsrisiko im Handelsbuch, Aktienpositionen im Handelsbuch, Währungsrisiko, Rohstoffpreisrisiko.

Zu allen genannten Offenlegungsbereichen haben die Banken detaillierte quantitative und qualitative Angaben zu machen.[46] Kritiker führen an, dass die geforderten Angaben zu Doppelpublizität, Informationsüberfluss und Komplexität führen. Zudem scheinen Bankinteressen wie Wahrung von Geschäftsgeheimnissen und Geheimhaltung wettbewerbssensitiver Informationen nicht ausreichend berücksichtigt.[47]

3 Die Auswirkungen von Basel II auf Kleinstaaten

Die Auswirkungen sollen auf zwei sehr unterschiedlichen Ebenen untersucht werden. Zunächst wird auf einer Meta-Ebene über die Auswirkungen für Finanzplatz und Banken in Kleinstaaten nachgedacht, anschliessend sehr konkret über die Implikationen für die in Liechtenstein vorherrschenden Vermögensverwaltungs-Banken.

3.1 Generelle Auswirkungen auf Finanzplätze und Banken in Kleinstaaten

Wir sind der Ansicht, dass Basel II auf drei sehr unterschiedlichen Ebenen zu generellen Auswirkungen für Kleinstaaten führen wird.

Ebene 1: Der Finanzplatz des Kleinstaates in internationaler Konkurrenz

Das Aufsichtsorgan eines Kleinstaates ist in der Regel nicht an den Ausarbeitungen des Basler Ausschusses beteiligt.[48] Somit werden die speziellen Interessen der Aufsichtsinstitute in Kleinstaaten (bedingt durch die in Kleinstaaten vorherrschenden Banktypen) nicht ausreichend berücksichtigt. Der Basler Ausschuss betont immer wieder, dass der Basler Akkord insbes. für international tätige Banken entwickelt wird. Kleinstaaten verfügen meist nur über kleinere, häufig im Offshore-Banking lokal tätige Banken.

---

[46] Vgl. Hillen (2001), S. 236 ff.

[47] Vgl. Naumann (2001), S. 260 ff.

[48] Die Schweiz oder Luxemburg (als Mitglieder des Basler Ausschusses) zählen wir entsprechend der in Abschnitt 1 gemachten Eingrenzung nicht zu den Kleinstaaten.

Dementsprechend sind die in Säule 2 entwickelten Grundsätze der aufsichtlichen Überprüfung der Bankrisiken kaum kompatibel mit dem Verständnis und den Ressourcen der Aufsichtsinstitute in Kleinstaaten. Der Aufsicht werden umfangreiche Risikobeurteilungen zugedacht, wozu sie über ein hohes Mass an eigenem Know-How verfügen muss.[49]

Die Kleinstaaten verfügen in der Regel über ein System der überwiegend indirekten Aufsicht, d.h. eine Mehrheit der Aufsichtspflichten wird an externe Revisoren vergeben. Säule 2 in Basel II sieht jedoch eine starke direkte Aufsicht der Aufsichtsinstitute vor. Den hieraus resultierenden zusätzlichen Personalbedarf können die Aufsichten in Kleinstaaten weder wirtschaftlich noch beschaffungstechnisch aufbauen.

Wirtschaftliche Gründe sprechen dann dagegen, wenn die für die verschiedenen Risiken benötigten Experten angesichts der geringen Zahl von Banken in Kleinstaaten nicht ausgelastet wären. Folglich würden sich die Überprüfungskosten für die Kleinstaat-Banken unverhältnismässig erhöhen.

Weiterhin könnte auch die Personalbeschaffung für einzelne Kleinstaaten ein grosses Problem darstellen. Einerseits wird in einigen Kleinstaaten der Zuzug selbst qualifiziertester Fachkräfte durch den Staat stark eingeschränkt. Andererseits stehen die Aufsichtsinstanzen in Kleinstaaten in Konkurrenz zu Aufsichten, die in wirtschaftlich und kulturell anziehenderen Orten (London, Paris, Berlin) angesiedelt sind.

Die Finanzmarktaufsicht in Kleinstaaten wird durch Basel II vor grosse Herausforderungen gestellt und im Vergleich zu Aufsichten in grossen Ländern sicherlich benachteiligt. Dieses Problem durch eine Kooperation zwischen mehreren Kleinstaaten lösen zu wollen zeigt Charme, doch die einerseits extrem an Datenschutz interessierten Anleger sowie die harte Konkurrenz zwischen den Kleinstaaten gibt einer solchen Lösung zur Zeit keine Chance auf Realisierung.

Dagegen sind Regulierungen für kleine Finanzplätze vorteilhaft, wenn sie dazu führen, dass die kleinen sich gegenüber den grossen Marktteilnehmern hinsichtlich der Qualität auf eine Stufe stellen können. Finanzplätze in Kleinstaaten können sich somit gegenüber grossen Finanzplätzen aufwerten und sich andererseits gegenüber nicht die Regulierung erfüllende Finanzplätze positiv abgrenzen.

---

[49] Siehe hierzu Abschnitt 2.2.

Ebene 2: Kleinstaat-Banken am internationalen Markt

Neben dem Finanzplatz als Ganzem können unter Umständen auch die einzelnen Kleinstaaten-Banken von einer qualitätsorientierten Regulierung profitieren. Basel II könnte von diesen Banken in ihrem Marketing als „Gütesiegel“ eingesetzt werden.

Aufgrund von Säule 1 und Säule 2 haben die Banken ausgefeilte Risikomess-Systeme aufzubauen. Entwicklung oder Kauf solcher Systeme bindet hohe liquide Mittel, die zudem unabhängig vom Risikoausmass sind. Folglich können grosse Banken ausserhalb der Kleinstaaten Stückkostendegressionseffekte realisieren, zu denen Banken aus Kleinstaaten nicht in der Lage sein werden. Aus diesem Grund kann vermutet werden, dass Kleinstaat-Banken hinsichtlich der Beschaffung der Risikomess-Systeme eher als „Follower“ denn als Entwickler auftreten werden: Da die eigene Entwicklung nicht in Frage kommt, werden sie mit zeitlicher Verzögerung entwickelte Systeme kaufen und deshalb ausgeklügelte Risikomess-Verfahren erst zeitlich verzögert realisieren können.

Die für die Kredit- und operationelles Risiko unentbehrlichen Datenpools können kleine Banken in Kleinstaaten nur schwer oder möglicherweise nicht beschaffen.

Insofern als sich die Geschäfte einer Kleinstaaten-Bank von grossen internationalen Banken unterscheiden kann dies zu unterschiedlichen Auswirkungen von Basel II auf die Eigenkapitalvorhaltung führen. An dieser Stelle sei verwiesen auf 2.2a) 2. Abschnitt und 2.2c) 2. Abschnitt, in denen der Zusammenhang zwischen unterschiedlichen Kreditportfolios oder unterschiedlichen Geschäftsfeld-Betätigungen auf die Höhe der ökonomischen Eigenmittel skizziert wurde.

Aufgrund der in Kleinstaat-Banken vermutlich deutlich geringeren Diversifikation des Kreditportfolios (Granularität), die nach Basel II mehr Einfluss auf die Eigenmittelhinterlegung zeigt, haben Kleinstaat-Banken grössere Anreize zu einem Kreditrisikohandel als breit diversifizierte internationale Banken.

Zusammenfassend ist festzustellen, dass sich die Auswirkung von Basel II auf Kleinstaat-Banken unterscheiden wird von der Auswirkung auf Grossbanken.

Ebene 3: Kleinstaat-Banken am lokalen Markt

Wie in 2.2a) 2. Abschnitt aufgezeigt, hat Basel II Auswirkungen auf die Preisgestaltung für Kreditgeschäfte. Die Kreditzinssätze werden sich zukünftig in Abhängigkeit der geschätzen Ausfallwahrscheinlichkeit spreizen. Natürlich hat das operationelle Risiko dieselbe Auswirkung in Bezug auf die einzelnen Geschäfstfelder: Provisionen oder Kommissionen in Geschäfstfeldern die eine hohe Eigenmittelhinterlegung erfordern werden relativ teurer und vice versa.

Da zu vermuten ist, dass die Wettbewerbsintensität in Kleinstaaten kleiner ist als in anderen Staaten, werden Preiserhöhungen in Kleinstaaten einfacher durchsetzbar sein als ausserhalb. In dieser Hinsicht wären Kleinstaat-Banken im Vorteil.

3.2 Auswirkungen auf Banken in Kleinstaaten wie Liechtenstein

a) Auswirkungen auf die Eigenkapitalvorhaltung der Banken

Zu überprüfen ist, inwieweit die in 2.2a) 2. Abschnitt sowie in 2.2c) 2. Abschnitt skizzierten Zusammenhänge auf die Eigenmittelhinterlegung bei Liechtensteiner Banken greifen.

Analysiert man die Aktivseite der Bilanzen von Banken in Liechtenstein, so fällt die starke Bankdebitoren-Lastigkeit auf; dies wird in Tabelle 3 dargestellt.

Während internationale Grossbanken einen Anteil der Gesamtdebitoren an der Bilanzsumme zwischen 10 und 15% aufweisen, weisen die Banken in Liechtenstein Anteile zwischen 49 und 91 % auf. Da Interbanken-Kredite hohe Eigenmittelhinterlegungen verlangen, werden Banken in Liechtenstein in dieser Hinsicht von Basel II benachteiligt werden. Da Banken in Liechtenstein extrem geringe Kredite an Privatkunden und an Firmenkunden verzeichnen, können sie in dieser Hinsicht an den Basel II-Erleichterungen nicht partizipieren.

Betrachten wir dagegen die Eigenmittelanforderungen aufgrund des operationellen Risikos, so zeigen sich auch hier Nachteile für die Banken in Liechtenstein.

Tabelle 2. Anteil Bankdebitoren an Bilanzsumme.
Quelle: Geschäftsberichte des Geschäftsjahres 2000

ÜBERBLICK 2000	
	Bankdebitoren in %
LGT (Mio CHF)	*49,33%*
LLB (Mio CHF)	*51,85%*
VPB (Mio CHF)	*66,32%*
Neue Bank (Mio CHF)	*72,99%*
Serica (Mio CHF)	*91,38%*
Deutsche Bank (Mio EUR)	*12,49%*

Im Falle der Verwendung des Basisindikatoransatzes (wir unterstellen den gegenwärtig diskutierten Satz α von 20%) ergibt sich das in folgender Tabelle gezeigte Bild. Die Banken in Liechtenstein müssen das ökonomisch geforderte Eigenkapital erhöhen, allerdings weniger stark als internationale Grossbanken. Die Vorhaltung und Erhöhung des ökonomischen Eigenkapitals ist gleichzeitig als Kostenfaktor zu sehen.[50]

Tabelle 3. Operationelles Risiko und Eigenmittelveränderung in Liechtenstein.
Quelle: Geschäftsberichte des Geschäftsjahres 2000

ÜBERBLICK 2000	opR-Faktor: 0,2		
	Eigenkapital für opR	*in % des EK*	*EK-Kosten p.a.*
LGT (Mio CHF)	114	*9,70%*	*11,4*
LLB (Mio CHF)	70	*5,02%*	*7,0*
VPB (Mio CHF)	73	*9,00%*	*7,3*
Neue Bank (Mio CHF)	6	*9,16%*	*0,6*
Serica (Mio CHF)	2	*12,84%*	*0,2*
Deutsche Bank (Mio EUR)	5559	*20,21%*	*555,9*
UBS (Mio CHF)	7254	*16,18%*	*725,4*

Da die Banken in Liechtenstein jedoch mit einer über 8% hinausgehenden Eigenkapitalquote ausgestattet sind, besteht in den meisten Fällen kein Zwang zur Zuführung von neuem Eigenkapital.

[50] Als Kostensatz des Eigenkapitals unterstellten wir vereinfacht 10% p.a., womit wir nahe an langfristigen Aktienanlage-Renditen in Deutschland und Schweiz liegen. Vgl. Spremann (2003), S. 91ff.

Es ist davon auszugehen, dass bei internationalen Grossbanken die Eigenmittelvorhaltung für Kreditrisiken zurückgehen wird, dieser Rückgang jedoch kompensiert wird durch eine Zunahme der Eigenmittel für das operationelle Risiko.[51] Eine solche Kompensation der Effekte kann für Banken in Liechtenstein gerade nicht erwartet werden. Insofern ergibt sich für die Banken in Liechtenstein der Schluss, dass ihre Konzentration auf die Vermögensverwaltung und die Vernachlässigung eines Firmen- und Privatkunden-Kreditgeschäfts ihnen in Zukunft eine höhere Eigenmittelvorhaltung aufzwingen wird. Für international tätige Grossbanken dagegen wird es keine nennenswerte Veränderungen in der Eigenkapitalvorhaltung geben.

Auch wenn sich für Banken in Liechtenstein eine Eigenkapitallücke aufgrund eines vorhandenen Eigenkapitalüberschusses nicht ergeben wird, so sollte zukünftig der Kostenfaktor Eigenkapital stärker in Betracht gezogen werden. Mit zunehmendem Wettbewerb sollte das Eigenkapital an die ökonomische Notwendigkeit angepasst werden.

Mit einer Neukonzeptionierung der Bankprozesse, einer Optimierung der Wertschöpfungskette lässt sich unter Umständen das vorzuhaltende Eigenkapital für operationelle Risiken reduzieren. Insbesondere ist auch zu prüfen, ob über Outsourcing oder den Abschluss spezieller Versicherungen die operationellen Risiken reduziert werden können.

Hinsichtlich des Kreditrisikos ist den Liechtensteiner Banken zu empfehlen, sich zum Aufbau eines Datenpools zusammenzuschliessen, denn nur so lassen sich fortgeschrittene Risikomess-Systeme realisieren. Zukünftig ist vermehrt auf die Ausfallwahrscheinlichkeit zu achten und die Kreditzinsen sind dahingehend zu differenzieren.

b) Auswirkungen für die Finanzmarktaufsicht

Auf das Liechtensteinische Amt für Finanzdienstleistungen kommt ein grosse Herausforderung zu. Mit der Säule 2 muss es künftig anspruchsvolle Aufgaben zusätzlich wahrnehmen. So hat es zum Beispiel eine Beurteilung der bankinternen Risikoerfassungs-Systeme sowie der Angemessenheit des vorgehaltenen Eigenkapitals vorzunehmen. Diese Aufgaben wird das Amt in Zukunft in der Tendenz stärker direkt wahrnehmen müssen, eine sehr weitgehende Auslagerung der Aufsicht auf externe Revisoren wird mit Basel II voraussichtlich nicht aufrechterhalten werden können.

---

[51] Vgl. Basel Committee on Banking Supervision (2002), S. 3.

4 Zusammenfassung

Das neue Regulierungswerk Basel II kann als Quantensprung in der Bankenaufsicht bezeichnet werden, da es den Übergang von einer rein quantitativen zu einer qualitativen Bankenaufsicht schafft. Basel II wird für Kleinstaaten weitreichende Auswirkungen zur Folge haben.

Wir haben dargestellt, dass einerseits die Finanzmarktaufsicht in Kleinstaaten vor völlig neue Aufgaben gestellt werden wird, die unter Umständen auch ein Umdenken in der gewohnten Aufsichtsmethodik erfordert. Die bisher stark indirekte Aufsicht wird einer verstärkt direkten Finanzmarktaufsicht weichen müssen.

Die Banken in Kleinstaaten sind in der Regel auf bestimmte Bankgeschäfte spezialisiert; in vielen Kleinstaaten wie die Fürstentümer Liechtenstein und Monaco, Andorra, San Marino, Jersey, Guernsey oder Isle of Man sind die Banken auf die Vermögensverwaltung und das Offshore-Geschäft spezialisiert. Im Bereich des Kreditrisikos werden diese Banken aufgrund ihrer Kreditportfolien eher mit einer zunehmenden Eigenkapitalhinterlegung rechnen müssen, die sich aufgrund der operationellen Risiken noch zusätzlich erhöht. Deshalb lässt sich das Fazit ziehen, dass Basel II die Banken der Kleinstaaten gegenüber internationalen Grossbanken benachteiligt.

Literatur

Abicht, R./ Althans, S./ Dartsch, A. et al (2002). Allgemeine Betriebswirtschaft. Frankfurt/M..

Berry, J.M. (2001). Central Banks seek sharpening of Risk Assessment. In: International Herald Tribune, 18.01.2001.

Basel Committee on Banking Supervision (2003). The 2002 Loss Data Collection Exercise for Operational Risk: Summary of the Data Collected. March 2003.

Basel Committee on Banking Supervision (2002). Results of Quantitative Impact Study 2.5. June 2002.

Basel Committee on Banking Supervision (2001a). Consultive Document Operational Risk. January 2001.

Basel Committee on Banking Supervision (2001b). Consultive Document Pillar 2 (Supervisory Review Process). January 2001.

Basel Committee on Banking Supervision (2001c). Consultive Document Pillar 3 (Market Discipline). January 2001.

Basel Committee on Banking Supervision (1988). International Convergence of Capital Measurement and Capital Standards. July 1988.

Basler Ausschuss für Bankenaufsicht (2001a). Die neue Basler Eigenkapitalvereinbarung. Januar 2001.

Basler Ausschuss für Bankenaufsicht (2001b). Überblick über die Neue Basler Eigenkapitalvereinbarung. Januar 2001.

Boos, K.-H. /Schulte-Mattler, H. (2001a). Basel II: Externes und internes Rating. In: Die Bank, 5/2001, S. 346-354.

Boos, K.-H. /Schulte-Mattler, H. (2001b). Basel II: Credit Risk Mitigation im Standardansatz. In: Die Bank, 6/2001, S. 416-424.

Boos, K.-H. /Schulte-Mattler, H. (2001c). Basel II: Credit Risk Mitigation im IRB-Ansatz. In: Die Bank, 7/2001, S. 470-477.

Boos, K.-H. /Schulte-Mattler, H. (2001d). Basel II: Methoden zur Quantifizierung operationeller Risiken. In: Die Bank, 8/2001, S. 549-553.

Borysiak, M./ Geginat, M./ Herkes, R. (2003). Basel II und die Kreditrisikominderungsinstrumente. Herausgegeben von: Risk Partner SA Luxembourg. Erstellt 30. September 2002, angepasst Februar 2003.

Deutsche Bundesbank (2001). Die neue Basler Eigenkapitalvereinbarung. In: Monatsbericht April 2001, S. 15-44.

Hill, C.W.L. (2001). International Business. 3rd edition, Boston.

Hillen, K.-H. (2001). Anforderungen der Bankenaufsicht. In: G. Hofmann (Hrsg.), Auf dem Weg zu Basel II: Konzepte, Modelle, Meinungen. Frankfurt/M. S. 225-248.

Hofmann, G. (Hrsg.) (2001). Auf dem Weg zu Basel II: Konzepte, Modelle, Meinungen. Frankfurt/M.

Kocher, M.G. (2002). Very Small Countries: Economic Success against all Odds. Schaan.

Naumann, T.K. (2001). Bewertung der Offenlegungspflichten aus Sicht der Banken. In: G. Hofmann (Hrsg.), Auf dem Weg zu Basel II: Konzepte, Modelle, Meinungen. Frankfurt/M. S. 249-264.

Paul, S. (2001). Der Basler Akkord im Überblick. In: G. Hofmann (Hrsg.), Auf dem Weg zu Basel II: Konzepte, Modelle, Meinungen. Frankfurt/M. S. 5-36.

Santos, J. (2000). Bank capital regulation in contemporary banking theory: a review of the literature. In: BIS Working Paper Nr. 90, September 2000.

Spremann, K. (2003). Portfoliomanagement. 2. Aufl., München und Wien.

Wilkens, M./ Entrop, O./ Völker, J. (2001). Strukturen und Methoden von Basel II – Grundlegende Veränderungen der Bankenaufsicht. In: Kreditwesen, 4 (2001), S. 187-193.

Recht auf ein Bankkundengeheimnis?*

Felix R. Ehrat

Dr.; Rechtsanwalt in Zürich, Managing Partner der Kanzlei Bär & Karrer (Zürich, Lugano, Zug, Genf, London)

1 Einleitung: Über das Öffentliche und das Private und die Verschiebung von Grenzziehungen

Kein Ereignis in der letzten Zeit hat die Weltöffentlichkeit dermassen geprägt wie der 11. September 2001. Der Verunsicherung, welche diese Ereignisse weltweit ausgelöst haben, versucht die Staatengemeinschaft mit vereinten Kräften zu begegnen. Die internationalen Anstrengungen bei der Suche nach Finanzierungsquellen und Geldströmen terroristischer Organisationen haben Forderungen nach mehr Transparenz und Kooperation seitens des Bankensystems und weiterer Finanzintermediäre aufkommen lassen. Wo solche Forderungen gestellt werden, ist der Ruf nach einer Lockerung oder Aufhebung des Schweizer Bankkundengeheimnisses jeweils nicht weit.

Getrieben vom Bestreben nach raschen und wirksamen Lösungen ist man allzu leicht geneigt, dem Staat einen Freipass auszustellen und ihm dadurch vermehrt Zutritt in die Privatsphäre des Einzelnen zu gewähren. Im Namen der „Security of Society" werden Nachbarn zu Polizisten und die Grenzen des Privaten immer enger.

„*Wo endet der Staat und wo beginnt das Private?*" Die Frage nach dieser Grenzziehung ist eine Frage nach der Gewichtung und Bewertung von Interessen. Die Grenzziehung darf nicht dazu führen, dass das Private völlig

---

* Referat gehalten anlässlich der Veranstaltung „Private Banking im Schlaglicht internationaler Regulierungen" des Banking Forum Liechtenstein am 22. November 2002 in Vaduz. Die Vortragsform wurde beibehalten. Der Bearbeitungsstand entspricht Ende November 2002; die nachfolgenden Ereignisse insbesondere im Rahmen der Verhandlungen zwischen der Schweiz und der EU zur Frage der Zinsbesteuerung wurden nicht mehr detailliert eingearbeitet, wobei immerhin auf Fussnoten 6 und 7 verwiesen wird.

dem Öffentlichen geopfert und die Privatsphäre von unbescholtenen Bankkunden missachtet wird. Wichtig ist bei allen Bestrebungen im Interesse der Sicherheit, das Augenmass nicht zu verlieren oder wie Benjamin Franklin sich pointiert ausdrückte: *„They – that can give up essential liberty to obtain a little temporary safety – deserve neither safety nor liberty“.*

Die zu treffenden Massnahmen haben sich an rechtsstaatlichen Grundwerten zu orientieren und den Grundsätzen der Verhältnismässigkeit zu genügen. Das Aufspüren von Bankkonten von potentiellen Attentätern darf nicht dazu missbraucht werden, unbescholtenen Bankkunden ihr grundsätzliches Recht auf ihre finanzielle Privatsphäre abzusprechen. Das Recht der Behörden auf Information darf nicht Hand in Hand gehen mit dem Verlust des Rechtes des Bürgers, sich gegen solche Massnahmen mit rechtsstaatlichen Mitteln zur Wehr zu setzen.

Internationale Zusammenarbeit fusst auf gegenseitiger Achtung. Globale Massnahmen finden ihre Grenzen grundsätzlich an der Gesetzgebung jedes einzelnen souveränen Staates. Diese entscheidet auch wesentlich die Frage, wo die Grenze zwischen Öffentlichem und Privatem gezogen wird und wie weit private Interessen denjenigen der Öffentlichkeit zu weichen haben. Am Bankkundengeheimnis zeigt sich die Diskussion um die Abgrenzung zwischen Öffentlichem und Privatem auf eindrückliche Weise.

2 Bestandesaufnahme

Wohl kaum ein Begriff wird so sehr mit der Schweiz oder Liechtenstein in Verbindung gebracht wie das Bankkundengeheimnis. Insbesondere im Zusammenhang mit den weltweiten Bemühungen zur Betrugs- und Terrorismusbekämpfung steht dieser Begriff, der – wie es der liechtensteinische Anwalt Heinz J. Frommelt ausdrückte[1] – *„entweder verdammt oder zum nationalen Heiligtum erklärt“* wird, im Zentrum der politischen Diskussion. Nicht frei ist diese Diskussion allerdings auch von staatlichen Fiskalinteressen, deren Geltendmachung vor nationalen Grenzen immer weniger Halt zu machen scheint. Und häufiger als auch schon wird die Frage nach der grundsätzlichen Berechtigung des Bankkundengeheimnisses laut.

[1] HEINZ J. FROMMELT, Das liechtensteinische Bankkundengeheimnis, Diss. Zürich, Zürich 1988, S. 1.

Bevor ich mich allerdings dieser Grundsatzfrage zuwende, will ich vorerst näher auf den Begriff des Bankkundengeheimnisses eingehen. Der Begriff ist selbsterklärend: Es geht um den Schutz der Geheimsphäre des Bankkunden oder, anders ausgedrückt, um die Pflicht des Bankiers, die Privatsphäre und damit verbunden die (Geschäfts-) Geheimnisse seines Kunden zu wahren. Das Bankkundengeheimnis ist das Berufsgeheimnis des Bankiers schlechthin. Die Privatsphäre, die ein Teil der Persönlichkeitsrechte des Einzelnen ist, geniesst in freiheitlichen Rechtsordnungen gesetzlichen Schutz. Daher ist es nur eine logische Konsequenz, dass die meisten entwickelten Rechtsordnungen ein Bankkundengeheimnis kennen, welches das Recht des Individuums auf Schutz seiner wirtschaftlichen Geheimsphäre gesetzlich verankert. Im Folgenden werde ich auf diese gesetzlichen Regelungen in einzelnen Ländern summarisch eingehen; ausgeklammert wird dabei in wesentlichem Umfange die Situation in Liechtenstein, auf die meine Vorredner bereits eingetreten sind.

Österreich hat sein Bankkundengeheimnis in § 38 Bankwesengesetz verankert. Aufgrund einer verfassungsmässigen Bestimmung kann diese Rechtsbasis nur durch eine Mehrheit von zwei Dritteln im österreichischen Nationalrat abgeändert werden. Dadurch wird dem Bankkundengeheimnis ein verfassungsähnlicher Rang verliehen; es steht über der Ebene der sonstigen Bundesgesetze.

In **Deutschland** fehlt es an einer gesetzlichen Regelung des Bankkundengeheimnisses. Das deutsche Bankkundengeheimnis leitet sich primär vom Vertrag zwischen Bank und Kunden (insbesondere aus den AGBs) und sekundär vom grundgesetzlich verankerten Recht auf freie Entfaltung der Persönlichkeit ab.

In **Belgien** ist das Bankkundengeheimnis nicht gesetzlich geregelt. Es besteht jedoch eine zivilrechtliche Vertragspflicht zur Verschwiegenheit. Die Bank haftet, wenn Mitarbeiter ihr Verschwiegenheitspflicht brechen. Im Steuerbereich ist das Bankkundengeheimnis durch Art. 318 Code des impôts sur les revenus de 1992 zugesichert. Danach besteht grundsätzlich kein Auskunfts- und Untersuchungsrecht der Behörden gegenüber Banken.

Luxemburg ist bekannt für sein strenges Bankkundengeheimnis, welches auf Art. 41 Loi du 5 Avril 1993 relative au secteur financier und Art. 458 Code pénale basiert. Im Gesetz vom 5. April 1993 wird die Verpflichtung für „professionnels du secteur financier“ zur Wahrung von Geheimnissen, die ihnen im Rahmen ihrer beruflicher Verpflichtung anvertraut wurden, statuiert. Die Verletzung dieser Pflicht unterliegt einer in Art. 458 Code pénale vorgesehenen Sanktion.

Unterschiedlich gestaltet sich die Regelung in den **USA**, deren Rechtssystem von anderen Wertvorstellungen geprägt ist. Eine rechtliche Begründung des Bankkundengeheimnisses findet sich in den – allerdings in der Regel nur schwach ausgestalteten – Vertragsbeziehungen zwischen Bank und Kunden. Von wesentlicher Bedeutung ist der Bank Secrecy Act, welcher vorsieht, unter welchen Voraussetzungen Transaktionen offengelegt und den Behörden angezeigt werden müssen. Als Folge davon ist es der Steuerverwaltung grundsätzlich möglich, Einblick in die Bücher der Banken und deren Kundenkonten zu nehmen.

In Liechtenstein, Luxemburg und – wie später noch weiter auszuführen sein wird – in der Schweiz führt eine Verletzung des Bankkundengeheimnisses zu strafrechtlichen Sanktionen. Diese Tatsache mag verdeutlichen, wie gross das öffentliche Interesse und die Bedeutung sind, die man dem Bankkundengeheimnis in diesen Ländern beimisst. Neben einer strafrechtlichen Verantwortung kann die Verletzung der Verschwiegenheitspflicht durch den Bankier auch zu zivilrechtlichen Schadenersatzansprüchen führen.

2.1 Durchbrechungen und Ausnahmetatbestände

Ein Blick auf die einzelnen Regelungen macht klar, dass kein Bankkundengeheimnis absolut gilt und Durchbrechungen möglich sind. Das zentrale Differenzierungsmerkmal zwischen den einzelnen Rechtsordnungen liegt darin, welche Offenbarungsgründe vorgesehen sind. Die meisten Regelungen sehen Durchbrechungsgründe gestützt auf strafrechtliche, strafprozessuale oder zivilrechtliche (v.a. erbrechtliche) Normen vor.

Am markantesten und umstrittensten sind die Offenbarungsgründe im Bereich des Fiskalrechts. Die „Stärke“ des Bankkundengeheimnis wird denn auch häufig daran gemessen, wie resistent es sich gegenüber den Steuerbehörden zeigt.[2] Ein Blick auf die Regelungen bezüglich Steuerrecht zeigt interessante Unterschiede zwischen den einzelnen Ländern auf:

---

[2] Vgl. dazu PROF. DR. REINER EICHENBERGER, Bankkundengeheimnis: Fluch oder Segen? Referat gehalten anlässlich eines Weiterbildungskurses des Europainstituts der Universität Basel zum Thema „Das Schweizerische Bankkundengeheimnis“ vom 11. Februar 2002, S. 3.

In einem kürzlich durchgeführten Vergleich des Schutzes der Anleger hinsichtlich Offenlegung von Zinseinnahmen belegte **Liechtenstein** Rang 1.[3] Dies dürfte wohl insbesondere der Tatsache zu verdanken sein, dass das liechtensteinische Bankkundengeheimnis im Steuerrecht – mit Ausnahme des Steuerbetrugs[4] – vollumfänglich gewahrt wird und Steuerdelikte keinen Grund für die Gewährung von Rechtshilfe resp. die Zulässigkeit einer Auslieferung bilden können.

In **Deutschland** können sich die Angestellten einer Bank grundsätzlich nicht auf ein Auskunftsverweigerungsrecht berufen und sind daher verpflichtet, den Behörden entsprechend Auskunft zu geben (§ 93, 208 AO), wobei die Pflicht zur Aussage sich nach dem konkreten Steuerverfahren richtet (§ 393 I AO). Bei begründetem Verdacht auf Steuerhinterziehung – der sog. Anfangsverdacht – kann die Bank grundsätzlich direkt in die Auskunftspflicht genommen werden. Weigert sich die Bank, läuft sie Gefahr, wegen Beihilfe zur Steuerhinterziehung belangt zu werden. Eine allgemeine Überwachung von Kundenkonten ist grundsätzlich nicht zulässig. Hinsichtlich Steuerstraftaten ergeben sich weitgehende Auskunftspflichten. Soweit nach Strafprozess Zeugeneinvernahmen und gerichtlich angeordnete Durchsuchungen vorgesehen sind, bestehen keine Aussageverweigerungsrechte.

In **Österreich** erlaubt die Ermittlung in einer vorsätzlichen Finanzordnungswidrigkeit die Durchbrechung der Schweigepflicht der Bank. Verlangen ausländische Steuerbehörden Auskunft, so darf diese nur erteilt werden, wenn grundsätzlich nach österreichischem Recht Auskunft möglich ist und zusätzlich aufgrund eines Doppelbesteuerungsabkommens eine Auskunftspflicht besteht.

Der Grundsatz, dass im Steuerbereich das Bankkundengeheimnis geschützt wird, wird in **Belgien** bei Verfahren im Bereich der Mehrwert-, Erbschaft- und Registersteuer durchbrochen. Im weiteren erteilen die Ban-

---

3 Vgl. Sonntags-Zeitung vom 10. November 2002, S. 69.

4 Hierbei handelt es sich um den Tatbestand der sog. qualifizierten Steuerhinterziehung. Durch den vorsätzlichen Gebrauch von falschen, verfälschten, inhaltlich unrichtigen Geschäftsbüchern oder anderen Dokumenten werden die Steuerbehörden betrogen. Weil in diesem Fall die Strafprozessordnung zur Anwendung kommt, findet eine Durchbrechung wie beim Strafprozess statt; vgl. FROMMELT, a.a.O., S. 257 f.

ken Auskünfte an Finanzbehörden bei Einspruch gegen einen Steuerbescheid, sofern Bankunterlagen als Beweismittel nötig sind; dasselbe gilt grundsätzlich bei steuerlichen Ermittlungsverfahren, wenn die Finanzbehörden konkrete Anhaltspunkte auf Beihilfe einer Bank zu Steuerhinterziehungsdelikten haben. Belgien leistet umfassende Rechts- und Amtshilfe bei Fiskaldelikten jedoch nur bei Verdacht auf Beteiligung der Bank an einer Steuerhinterziehung. Nicht zuletzt dieser Aspekt dürfte dazu beitragen, dass Belgien den Ruf geniesst, ein strenges Bankkundengeheimnis zu haben.

Luxemburgische Banken sind nicht verpflichtet, einheimischen oder ausländischen Steuerbehörden Kontrollmitteilungen über Zinseinnahmen ihrer Kunden zu erteilen. Luxemburg bietet im Rahmen des Europäischen Uebereinkommens über die Rechtshilfe in Strafsachen vom 20. April 1959 Hand zu Rechtshilfe, sofern ein auslieferungsfähiger Steuerstraftatbestand (Steuerbetrug) vorliegt.

Sämtliche der genannten Länder sehen bei Verdacht auf Geldwäscherei eine Durchbrechung des Bankkundengeheimnisses vor.

2.2 Bilaterale Abkommen und Richtlinienvorschläge der EU

Wie einführend ausgeführt, bildet das Bankkundengeheimnis Teil einer freiheitlichen Rechtstradition, deren Bestreben es ist, die individuelle Geheimsphäre zu schützen. Wer sich diesem Gedankengut verpflichtet fühlt, wird denn auch nicht die Existenzberechtigung des Bankkundengeheimnisses an sich in Frage stellen. Problematischer ist die Frage nach dem Geltungsbereich und den Ausnahmeregelungen. Der Weigerung der Schweiz, im internationalen Kampf gegen die Steuerflucht die Amtshilfe auch auf Fälle der *Steuerhinterziehung* auszuweiten, wird denn auch mit harscher Kritik begegnet.

In den bilateralen Verhandlungsrunden zwischen der Schweiz und der EU, welche im Juni 2002 begonnen haben, stehen einige Dossiers (Schengen/Dublin, Dienstleistungsliberalisierung, Betrugsbekämpfung, Zinsbesteuerung) zur Diskussion, in welchen sich die Frage der Rechtshilfe bei Verdacht auf Steuerhinterziehung stellt. Zur Zeit laufen die Verhandlungen um die Zinsbesteuerung.[5] Worum geht es dabei?

---

[5] In diesen Verhandlungen, die im Zeitpunkt des vorliegenden Referats (November 2002) noch ergebnislos hängig waren, wurde am 6. März 2003 eine materielle

Am Gipfel von Santa Maria de Feira im Juni 2000 legte die EU einen neuen Richtlinienvorschlag im Kampf gegen die Steuerflucht vor. Zweck der Richtlinie ist es, eine effiziente Mindestbesteuerung von Zinserträgen innerhalb der Gemeinschaft zu erzielen. Im Rahmen des Vollzugs dieser Zinsbesteuerungsrichtlinie, die am 1. Januar 2003 in Kraft treten soll[6], sollen nach einer Übergangsfrist ab 2011 alle Mitglieder verpflichtet werden, über die Kapitalanlagen von Staatsangehörigen anderer Mitgliedstaaten zu informieren (Informationsaustausch). Zwölf der fünfzehn EU-Mitgliedstaaten werden bereits zum Zeitpunkt des Inkrafttretens der Richtlinie eine Meldepflicht einführen. Luxemburg, Belgien und Oesterreich werden zunächst eine Zahlstellensteuer (Quellensteuer) erheben, aber nach Ablauf der Übergangsfrist zur Meldepflicht übergehen. Sie haben jedoch ihre Zustimmung zur Richtlinie davon abhängig gemacht, dass mit Drittländern wie der Schweiz *gleiche oder zumindest gleichwertige* Vereinbarungen getroffen werden resp. diese Länder auf dem Verhandlungswege dazu gebracht werden, gleichwertige Massnahmen einzuführen. Nebst den USA

Einigung zwischen der EU und der Schweiz erzielt. Kernstück des Abkommens ist die Verpflichtung der Schweiz zur Einführung eines Steuerrückbehalts von zunächst 15%, sodann 20% und ab 2011 von 35% auf Zinserträgen, die eine auf dem Gebiet der Schweiz gelegene Zahlstelle einer natürlichen Person mit steuerlichem Wohnsitz in einem EU-Mitgliedstaat leistet. Der Ertrag des Steuerrückbehalts fällt zu 75% an die EU bzw. ihre Mitgliedstaaten. Das Abkommen sieht zudem vor, dass ausländische Bankkunden selber zwischen dem Steuerrückbehalt und einer Meldung an die Steuerbehörden wählen können. In einem Memorandum of Understanding verpflichtet sich die Schweiz gegenüber der EU, in den Doppelbesteuerungsabkommen mit den EU-Mitgliedländern und auf der Basis der Gegenseitigkeit Amtshilfe bei Steuerbetrug zu vereinbaren. Amtshilfe würde auf begründete Anfrage hin bei Steuerbetrug nach schweizerischem Recht sowie bei sinngemäss gleich schwer wiegenden Delikten geleistet. Sinngemäss mit Steuerbetrug vergleichbar sind Verstösse gegen genau bestimmte steuerstrafrechtliche Vorschriften anderer Staaten, die denselben Unrechtsgehalt aufweisen wie bei uns der Steuerbetrug, aber im Schweizer Verfahren und somit im Schweizer Recht nicht vorkommen. Auf keinen Fall fällt die einfache Steuerhinterziehung unter diese Bestimmung.

[6] Die politische Grundsatzeinigung innerhalb der EU über eine grenzüberschreitende Zinsbesteuerung wurde am 21. Januar 2003 vom Rat der EU-Finanzminister (Ecofin) getroffen. Demnach sollen zwölf EU-Staaten durch den automatischen Austausch von Informationen zwischen den Steuerämtern sicherstellen, dass die Zinserträge, die ein EU-Steuerpflichtiger in einem anderen Mitgliedstaat erzielt, in seinem Steuersitzland zu den dort gültigen Regeln besteuert werden. Belgien, Luxemburg und Oesterreich liefern keine Informationen, sondern erheben eine Quellensteuer.

wurden Verhandlungen mit 5 weiteren Drittstaaten (Schweiz, San Marino, Monaco, Liechtenstein und Andorra) aufgenommen.

Die EU steht unter Zeitdruck. Ein Beschluss des Ministerrates (der einstimmig zu erfolgen hat) wird aber nur zustande kommen, wenn mit den wichtigsten Drittländern eine Verständigung über die Implementierung *gleichwertiger* Massnahmen erzielt werden kann. Waren die Forderungen der EU zu Anfang dahingehend zu verstehen, dass der automatische Informationstausch auch für Drittstaaten gelten sollte, so wurden diese Forderungen mittlerweile dahingehend relativiert, dass Gleichwertigkeit im Verhältnis zum automatischen Informationsaustausch zu verstehen ist.

2.3 Position der Schweiz zu FEIRA

Für den schweizerischen Bundesrat waren seit Beginn der Verhandlungen mit der EU folgende gleichwertige Massnahmen denkbar:

1. Quellensteuer bis zu 35%, oder

2. (wahlweise zur Quellensteuer) freiwilliger Informationsaustausch mit Zustimmung des Anlegers, oder

3. Überprüfungsklausel, sowie

4. Informationsaustausch auf Anfrage bei Steuerbetrug.

Das Problem aus schweizerischer Sicht liegt darin, dass Informationsaustausch auf Anfrage nur in Fällen des Straf- und nicht des Zivil- bzw. reinen Verwaltungsrechts gewährt wird bzw. gewährt werden kann. Dies schliesst Amtshilfe in Fällen der Steuerhinterziehung aus, weil dieses blosse „Vergessen“ relevanter Steuerinformationen in der Steuererklärung in der Schweiz keiner strafrechtlichen Verfolgung unterliegt und nur verwaltungsrechtlich sanktioniert wird. Daher forderte die EU vom Bundesrat die Ausdehnung des Informationsaustausches auf Anfrage vom Straf- auf das Zivil- und Verwaltungsrecht. Unter der derzeit in der Schweiz herrschenden gesetzlichen Regelung steht die vorgesehene Meldepflicht im Widerspruch zum Berufsgeheimnis für Mitarbeiter von Banken (Bankkundengeheimnis), welches in Fällen der Steuerhinterziehung keine Offenlegung der entsprechenden Daten vorsieht.

Ein EU-internes Problem stellt die Position von Grossbritannien dar, das nach wie vor auf dem automatischen Informationsaustausch und somit dem Verzicht der Schweiz auf das Bankkundengeheimnis besteht. Es wurde gar befürchtet, dass diese Haltung der Briten letztendlich das EU-Projekt der grenzüberschreitenden Zinsbesteuerung zum Scheitern bringen könnte.

2.4 Zur Position der OECD

Die aktuelle Diskussion wird durch die OECD mit ihrem Kampf gegen die Steueroasen und deren „schädlichen Steuerwettbewerb" weiter kompliziert. Wie die EU sieht auch die OECD im Informationsaustausch den besten Weg zur grenzüberschreitenden Durchsetzung von nationalen Steuergesetzen.

Der OECD-Bericht aus dem Jahr 2000 über die „Verbesserung des Zugangs zu Bankeninformationen für Besteuerungszwecke" wurde von der Schweiz mitgetragen. Der Bericht enthält drei konkrete Empfehlungen an die OECD-Mitglieder, von welchen die ersten beiden (Abschaffung der anonymen Konten, Aufhebung des fiskalischen Eigeninteresses als Bedingung für den Informationsaustausch) für die Schweiz nicht von Bedeutung sind (anonyme Konten) oder auf sie keine Anwendung finden (fiskalische Eigeninteressen).

Relevant ist die dritte Empfehlung, die den Mitgliederländern vorschlägt, den Zugang zu Bankinformationen für Besteuerungszwecke so zu gestalten, dass den Steuerbehörden ein effektiver Informationsaustausch ermöglicht wird. Die Schweiz erreichte, dass der Bericht das Erfordernis der doppelten Strafbarkeit nicht aufhebt. Gefordert wird der spezifische, d.h. auf Anfrage hin zu erfolgende Informationsaustausch nur bei vorsätzlichen, der Steuerstrafverfolgung unterliegenden Verhaltensweisen. Allerdings hält der Bericht fest, dass das Prinzip der doppelten Strafbarkeit die Zusammenarbeit beeinträchtigen kann und er empfiehlt den Mitgliedstaaten, nach bilateralen Lösungen zu suchen, um den Austausch von Bankinformationen in der Praxis zu ermöglichen. Um diesen Forderungen entgegenzukommen, ist die Schweiz bereit, ihre Doppelbesteuerungsabkommen nach dem Muster der Vereinbarung mit den USA zu ergänzen. Das würde bedeuten, das im Fall von Steuerbetrug (nicht aber bei einfacher Steuerhinterziehung) Amtshilfe gewährt würde. Diese Regelung hätte den Vorteil, dass Informationen, welche bislang den Justizbehörden aufgrund des Spezialitätsprinzips ausschliesslich zur Verfolgung von Steuerbetrug zur Verfügung standen, neu den Steuerbehörden auch amtshilfeweise für die korrekte Steuerveranlagung zur Verfügung stehen würden.

Im Rahmen der OECD zeichnet sich eine Tendenz zum Informationsaustausch unter Verzicht auf das Erfordernis der doppelten Strafbarkeit ab. Dies erklärt sich damit, dass einigen Steueroasen (von Anguilla bis zu den U.S. Virgin Islands) mehr Transparenz und Verpflichtungen zu einem weitgehenden Informationsaustausch abgerungen worden sind. Diese Länder machten ihr Einverständnis jedoch von der Gleichbehandlung aller OECD Mitgliedschaftsländern (darunter also auch der Schweiz) abhängig.

2.5 Zur Situation von Liechtenstein

Die Situation Liechtensteins ist mit derjenigen der Schweiz vergleichbar. Daran ändert auch die Tatsache nichts, dass Liechtenstein, anders als die Schweiz, Mitglied des EWR ist. Bezüglich der EU vertritt Liechtenstein die gleiche Position wie die Schweiz, wonach das Bankkundengeheimnis im Prinzip nicht verhandelbar ist. Besonders unter Beschuss geriet Liechtenstein, als es von der OECD auf die Liste der „unkooperativen Steuerparadiese“ gesetzt wurde. Auf die von der FATF (Financial Action Task Force) verlangten Massnahmen hat Liechtenstein – welches nicht OECD Mitglied ist – mit verschiedenen Gesetzes- und Vollzugsanpassungen reagiert. Zu diesem Reformpaket gehören Gesetzesänderungen in den Bereichen internationale Rechtshilfe in Strafsachen, Bekämpfung der Geldwäscherei und berufliche Sorgfaltspflichten bei der Entgegennahme von Vermögenswerten.

Liechtenstein erachtet als Voraussetzung einer Einigung die Gleichbehandlung aller Staaten und bemängelt, dass die Kriterien zur Steuertransparenz und zum Informationsaustausch, die Liechtenstein als Nichtmitglied der OECD akzeptieren sollte, nicht einmal von allen OECD-Mitgliedstaaten anerkannt und angewendet werden. So wird denn auch richtigerweise betont, dass das liechtensteinische Bankkundengeheimnis im Fall der Verfolgung von kriminellen Handlungen keinen Schutz bietet. Im weiteren erachtet Liechtenstein internationale Steuerharmonisierung nicht als ein Instrument zur Bekämpfung des internationalen Terrorismus. Die liechtensteinische Regierung ist zu Regelungen mittels bilateraler Verträge bereit und verhandelt beispielsweise mit den USA über ein Rechtshilfeabkommen. Jedoch betrachtet sich Liechtenstein nicht als verlängerten Arm ausländischer Steuerbehörden und ist nicht bereit, sein Bankkundengeheimnis in dieser Hinsicht zu lockern.

2.6 Zunehmender politischer Druck

Die vorstehenden Ausführungen zeigen auf, dass sowohl seitens der EU als auch der OECD der politische Druck auf das Bankkundengeheimnis zunimmt. Die anhaltenden (politischen) Diskussionen machen klar, dass weitere Wandelungsprozesse wahrscheinlich sind. Wirft man einen Blick auf die Hintergründe und die Entwicklung des schweizerischen Bankkundengeheimnisses, stellt man fest, dass es als rechtliches Instrument – entgegen seinem Ruf – durchaus anpassungsfähig ist.

3 Das Bankkundengeheimnis im Spannungsfeld zwischen der rechtlich geschützten Privatsphäre des Bankkunden und dem öffentlichen Interesse an der Missbrauchsbekämpfung

3.1 Normative Regelung des Bankkundengeheimnisses in der Schweiz

Grundanliegen des Bankkundengeheimnisses ist der Schutz der Geheimsphäre des Geheimnisherrn, des Bankkunden, und die Begrenzung der staatlichen Zugriffsmöglichkeiten auf dessen Privatsphäre. Kerngehalt des Bankkundengeheimnisses ist die Schweigepflicht des Bankiers. Das Recht von natürlichen und juristischen Personen auf Schutz ihrer persönlichen Interessen besteht insbesondere im Recht auf Geheimhaltung der Privatsphäre und Schutz der vermögensrechtlichen Privatsphäre (BGE 64 II 162, 169). Die Privatsphäre ist ein Gebiet, über das jedermann höchstpersönlich bestimmen kann und keine Einmischung von Aussen dulden muss. Sie gehört zu den unabdingbaren Persönlichkeitsrechten. Tatsachen, die zur Privatsphäre gehören, „dürfen nur im engeren Lebenskreis des Privatbereichs Drittpersonen zur Kenntnis gebracht werden, dies im Unterschied zu den in die Geheimsphäre fallenden Lebensäusserungen, die überhaupt nicht weiterverbreitet werden dürfen [...]“[7]. Solche Tatsachen dürfen nur mit Einwilligung des Geheimnisherrn bekannt gegeben werden.

Die verfassungsmässige Verankerung der Persönlichkeitsrechte ist ein Teil der europäischen Rechtstradition. Beispielsweise sieht Artikel 8 der euro-

[7] BGE 97 II 97, 101.

päischen Menschenrechtskonvention die Unverletzbarkeit der Persönlichkeitsrechte vor. In der Schweiz ist der Schutz der Privatsphäre ebenfalls in der Verfassung verankert (Art. 13 BV).

Die besondere Vertrauensbeziehung zwischen Bank und Kunden wird, bei Fehlen ausdrücklicher Vertragsbestimmungen, direkt aus Art. 2 ZGB (Handeln nach Treu und Glauben) hergeleitet. Gehen die Bank und der Kunde eine vertragliche Beziehung ein, so findet das Obligationenrecht (OR) Anwendung. Dies gilt insbesondere auch für die *zivilrechtliche* Geltendmachung von Schadenersatzansprüchen, die aus der Verletzung des Bankkundengeheimnisses durch den Bankangestellten resultieren.

Die eigentliche Kernnorm des schweizerischen Bankkundengeheimnisses findet sich in Art. 47 des Bundesgesetzes über die Banken und Sparkassen vom 8. November 1934 (BankG). Historisch gesehen geht das Bankkundengeheimnis auf die Bankspionagetätigkeit ausländischer Staaten in den dreissiger Jahren des letzten Jahrhunderts zurück, namentlich des Nazi-Regimes in Deutschland. Dadurch entstand ein Schutzbedürfnis, das man für den Verletzungsfall mit einer strafrechtlichen Norm absichern wollte. Die Norm trat mit dem BankG in Kraft. Die strafrechtliche Bestimmung im BankG war insbesondere deshalb nötig, weil das schweizerische Strafgesetzbuch erst auf den 1. Januar 1942 in Kraft trat. Bei Art. 47 BankG handelt es sich um eine verwaltungsrechtliche Strafnorm. Sie stellt eine Schutznorm im Sinn von Art. 41 OR dar, deren Verletzung zivilrechtliche Widerrechtlichkeit begründet. Die Besonderheit von Art. 47 BankG besteht u.a. darin, dass dessen Verletzung unabhängig von der zivilrechtlichen Schadenersatzpflicht von Amtes wegen verfolgt und bestraft wird und dass sowohl die vorsätzliche wie auch die fahrlässige Verletzung sowie der Versuch und die versuchte Anstiftung strafbar sind.

Die Norm bezweckt, das Berufsgeheimnis des Bankiers zu regeln. Sie kodifiziert und schützt im öffentlichen Interesse die Vertrauensbeziehung zwischen Bankier und Kunden (inkl. Personendaten) vor Eingriffen unberechtigter Dritten, inkl. eigener und fremder staatlicher Organe. Mit dieser strafrechtlichen Verankerung wird die Stärkung der privatrechtlichen Verschwiegenheitspflicht des Bankiers bezweckt.

Der Begriff des Bankkundengeheimnisses resp. dessen Umfang ist in der Schweiz – was etwas erstaunen mag – nicht gesetzlich umschrieben. Das Bankkundengeheimnis ergibt sich somit aus den allgemeinen vertragsrechtlichen Bestimmungen des OR sowie aus den Art. 27 und 28 ZGB, in welchem die Persönlichkeitsrechte resp. deren Schutz verankert sind[8]. Damit sieht das Zivilrecht eine gesetzliche Anerkennung des Bankkundengeheimnisses im weiteren Sinne vor.

3.2 Schutz vor Missbrauch und die Wahrung höherwertiger Interessen im positiven Recht

Das schweizerische Bankkundengeheimnis gilt nicht absolut und kann rechtmässig durchbrochen werden. Es wird generell dann beschränkt, wenn höherwertige private oder öffentliche Interessen dem Anspruch des Bankkunden auf Geheimhaltung vorgehen. Insbesondere kann es nicht Zweck des Bankkundengeheimnisses sein, kriminelle Gelder zu schützen. Dies bedeutet insbesondere, dass die Schweiz aus moralischen Gründen und aus Gründen der Solidarität mit anderen Demokratien flankierende Massnahmen treffen muss, um Missbräuchen entgegenzuwirken.

So wurden dann auch die Regelungen gegen Missbrauch in den letzten Jahren Schritt für Schritt ausgebaut. Diverse Regelungen des schweizerischen Strafgesetzbuches, wie zum Beispiel das Verbot des Insiderhandels (Art. 161 StGB), der Kursmanipulation (Art. 161bis StGB), von kriminellen Organisationen (Art. 261ter StGB), die Regelung von verbotenen Handlungen für einen fremden Staat (Art. 271 StGB) und das Verbot wirtschaftlichen Nachrichtendiensts (Art. 273 StGB) wurden neu geschaffen oder verschärft. Dazu gehört auch die Inkraftsetzung des Bundesgesetzes vom 10. Oktober 1997 zur Bekämpfung der Geldwäscherei im Finanzsektor (GwG) und der damit verbundenen Massnahmen, wie zum Beispiel das Melderecht gestützt auf Art. 305ter Abs. 2 StGB, die Identifikationspflichten gestützt auf Art. 3 – 7 GwG und die Statuierung einer Meldepflicht gemäss Art. 9f GwG. Von besonderer Bedeutung ist sodann die Sorgfaltspflichtsvereinbarung (VSB) der Banken. Sie kann wohl als das wesentlichste (und bekannteste) Element der Selbstregulierung in der Schweiz bezeichnet werden[9]. Die VSB enthält namentlich vier Grundsätze:

[8] Botschaft, BBl 1970 I 1144, 1161.

[9] CHRISTOPH WINZELER, Die Zukunft des Bankkundengeheimnisses, JusLetter 11. März 2002, Rz. 21.

- die Pflicht der Bank, ihre Kunden als Vertragspartner zu identifizieren und zu dokumentieren,
- die Pflicht der Bank, den wirtschaftlich Berechtigten festzustellen,
- die Pflicht der Bank, ihren ausländischen Kundinnen und Kunden keine aktive Beihilfe zu unerlaubter Kapitalflucht zu leisten, sowie
- die Pflicht der Bank, keine aktive Beihilfe zu Steuerhinterziehung zu leisten.

Durch das Bankkundengeheimnis wird der Kunde geschützt. Darum kann nur er die Bank von ihrer Schweigepflicht entbinden und ihr gestatten, respektive sie verpflichten, vom Bankkundengeheimnis erfasste Informationen zu offenbaren. Diese wiederum kann grundsätzlich nicht von sich aus die Aufhebung des Bankkundengeheimnisses beschliessen. In Ausnahmefällen, die im BankG ausdrücklich festgehalten sind, kann die Bank verpflichtet werden, Auskunft zu geben oder vor Gericht auszusagen. Auch Fälle der Notwehr/Notstands können zu einem Auskunftsrecht der Bank führen. In diesen Fällen macht sich der Bankier durch eine an sich unerlaubte Offenbarung nicht strafbar. Diese Lösung kann aber nur dann richtig sein, wenn die Geheimnisverletzung sich als angemessenes Mittel zur Abwehr von Gefahrensituationen erweist.[10]

Die schweizerische Gesetzgebung sieht diverse Auskunftspflichten der Bank vor, so z.B. die Auskunftspflicht gegenüber Ehepartnern, Vormund, Erben, etc. Im Weiteren bestehen eidgenössische und kantonale zivilprozessuale Bestimmungen über die Zeugnis- und Auskunftspflicht gegenüber Behörden. Eine grundsätzliche Zeugnis- und Auskunftspflicht der Bank besteht im Schuldbetreibungs- und Konkursrecht.

Im Steuerrecht muss unterschieden werden zwischen der Auskunftspflicht in Fällen des Steuerbetrugs, wo eine Auskunftspflicht der Bank besteht, und der Steuerhinterziehung, welche – wie bereits früher dargelegt – keine Auskunftspflicht und kein Auskunftsrecht der Bank zu begründen vermag. Die Steuerbehörde hat sich in diesen Fällen direkt an den Steuerpflichtigen zu halten. Entsprechend leisten die Steuerbehörden der Schweiz in Fällen von Steuerhinterziehung keine Amtshilfe ans Ausland.

---

[10] PIUS SCHWAGER, Das schweizerische Bankkundengeheimnis, Diss. Freiburg, Zürich 1973.

Im Weiteren besteht eine Auskunftspflicht der Bank gegenüber der Nationalbank gestützt auf Art. 7 BankG. Zu erwähnen ist, dass auch die Nationalbank der Geheimhaltungspflicht untersteht (Art. 9 Abs. 1 BankG). Laut Art. 23bis Abs. 2 BankG können die EBK und die jeweilige bankengesetzliche Revisionsstelle von einer Bank alle Auskünfte und Unterlagen verlangen, die sie zur Erfüllung ihrer Aufgabe benötigen. Dabei kann es sich auch um Auskünfte handeln, die der Geheimnispflicht der Bank unterstehen.

Weitere Möglichkeiten bestehen auch im Rahmen der Amtshilfe zwischen Bankenaufsichtsbehörden, wo die Identität von Grosskunden zu Gunsten einer konsolidierten Überwachung preisgegeben werden darf oder muss. Zur Bekämpfung von Insidergeschäften hat die Amtshilfe eine wichtige Funktion, denn sie ermöglicht beispielsweise eine Auskunftserteilung an Börsenaufsichtsbehörden im Ausland. Gestützt auf das Spezialitätsprinzip dürfen die von der ersuchten Behörde übermittelten Informationen von der ersuchenden Behörde ausschliesslich für jene Zwecke verwendet werden, welche der konkreten Amtshilfe im Einzelfall zu Grunde liegen.

Eine grundlegende Ausnahme von Art. 47 BankG und Art. 271 StGB stellen die Vor-Ort-Kontrollen dar. Dabei handelt es sich um direkte Prüfungen schweizerischer Zweigniederlassungen und Tochtergesellschaften ausländischer Finanzintermediäre durch die Aufsichtsbehörde ihres Stammhauses vor Ort in der Schweiz (Art. 23septies BankG; Art. 38a BEHG). Derartige Kontrollen dürfen nur zu Zwecken der konsolidierten Aufsicht der geprüften Banken und Finanzintermediäre durchgeführt werden; die Weiterleitung von Informationen an Strafbehörden ist unzulässig, wenn die Rechtshilfe in Strafsachen ausgeschlossen wäre. Wollen ausländische Bank- oder Finanzmarktaufsichtsbehörden bei direkten Prüfungen in der Schweiz Informationen einsehen, welche direkt oder indirekt mit dem Vermögensverwaltungs- oder Einlagengeschäft von einzelnen Bankkunden zusammenhängen, erhebt die Eidgenössische Bankenkommission die Informationen selbst und übermittelt sie den ausländischen ersuchenden Behörden. Damit werden die Interessen auch des ausländischen Bankkunden im Rahmen des Bankkundengeheimnisses gewahrt.

Eine Möglichkeit zur Durchbrechung des Bankkundengeheimnisses besteht auch im Rahmen des Bundesgesetzes über Rechtshilfe vom 20. März 1981 (IRSG). Es ermöglicht den Strafverfolgungsbehörden aller Staaten, von der Schweiz Rechtshilfe anzufordern. Erforderlich ist dabei die beidseitige Strafbarkeit. Ausgeschlossen kann die beidseitige Strafbarkeit in

Fällen werden, wo es um besonders verwerfliche Taten geht, wie beispielsweise Erpressung, Nötigung, Entführung oder Geiselnahme (Art. 3 Abs. 2 IRSG). Jedoch sieht auch das IRSG in Steuerangelegenheiten Rechtshilfe nur in Fällen des Steuerbetrugs, nicht aber der Steuerhinterziehung vor.

Ähnlich ausgestaltet ist das Europäische Übereinkommen über die Rechtshilfe in Strafsachen vom 20. April 1959, welches von 13 Staaten, darunter auch der Schweiz, unterzeichnet wurde. Es sieht als Voraussetzung der Rechtshilfe das Erfordernis der beidseitigen Strafbarkeit vor. In Steuerangelegenheiten wird nur für Steuerbetrug, nicht aber für Steuerhinterziehung Rechtshilfe geleistet. Das Übereinkommen wird durch diverse bilaterale Rechtshilfe- und Auslieferungsverträge der Schweiz, z.B. mit Deutschland und Grossbritannien sowie durch Doppelbesteuerungsabkommen ergänzt.

Der Staatsvertrag der Schweiz mit den Vereinigten Staaten von Amerika vom 25. Mai 1973 über die gegenseitige Rechtshilfe in Strafsachen hat unter anderem zum Ziel, das organisierte Verbrechen zu bekämpfen. Auch dieser Staatsvertrag entspricht dem Prinzip der beidseitigen Strafbarkeit. Allerdings müssen davon Ausnahmen gemacht werden. Keine beidseitige Strafbarkeit ist nötig in Fällen, wo es darum geht, organisierte Verbrechen aufzudecken oder zu verfolgen. Zudem wird in Insiderverfahren, die nach amerikanischem Recht nur mit Verwaltungsstrafverfahren geahndet werden, Rechtshilfe gewährt. Dank dieser Bestimmung ist es zum Beispiel der amerikanischen Securities and Exchange Commission (SEC) möglich, ein im strafrechtlichen Sinn rechtshilfefähiges Gesuch zu stellen. Dies obwohl es sich nach schweizerischem Rechtsverständnis bei der SEC um eine Verwaltungsbehörde handelt.

3.3 Rechtsprechungsüberblick

Wie diese Ausführungen gezeigt haben, unterlag das Bankkundengeheimnis im Laufe der Jahre diversen Anpassungen. Insofern reflektiert es die wirtschaftlichen und politischen Entwicklungen und den Wertewandel der Gesellschaft. Dies lässt sich auch anhand der Entwicklung des Bankkundengeheimnisses in der Schweizer Rechtsprechung nachvollziehen.

Sowohl in der Schweiz wie auch in Liechtenstein haben die obersten Gerichte festgehalten, dass das Bankkundengeheimnis keinen Verfassungsrang hat (BGE 125 II 84; ebenso StGH 1977/8, LIS 1981, 84 (51)). Des öfteren hatte sich das Schweizerische Bundesgericht mit der Frage auseinanderzusetzen, vor welchen staatsvertraglichen Verpflichtungen das Bankkundengeheimnis zurückzustehen hat. Dabei wurde insbesondere entschieden, dass das Bankkundengeheimnis dann den Vorrang vor staatsvertraglichen Verpflichtungen hat, wenn die Preisgabe einer verlangten Auskunft das Bankkundengeheimnis geradezu aushöhlen oder der schweizerischen Wirtschaft Schaden zufügen würde (BGE 115 Ib 63). Ebenso deutlich ist auch BGE 125 II 85, wo festgehalten wird, dass das Funktionieren der internationalen Aufsicht zu den wesentlichen Interessen der Schweiz gehört und deshalb auch das Bankkundengeheimnis im allgemeinen gegenüber der Leistung von Amtshilfe zurückzutreten habe. Interessant ist auch der Entscheid BGE 119 V 175, der festhält, dass das Bankkundengeheimnis weniger weit geht als das gesetzlich geschützte Berufsgeheimnis der Ärzte, Anwälte und Geistlichen.

Bezüglich des Anspruchs auf Auskunftsverweigerung hielt das Bundesgericht in BGE 119 IV 75 fest, dass das Bankkundengeheimnis keinen Anspruch auf Auskunftsverweigerung in einem Verwaltungsstrafverfahren gibt. In 123 IV 66 wurde entschieden, dass das Bankkundengeheimnis kein Recht auf Verweigerung der Aussage und der Herausgabe von Akten gegenüber von Strafverfolgungsbehörden einräumt ausser, wenn dies ausdrücklich im anwendbaren Recht vorgesehen ist.

Mit diesen Entscheiden hat das oberste schweizerische Gericht die Bedeutung des schweizerischen Bankkundengeheimnisses relativiert. Die Entscheide vermögen auch die Bedeutung zu vermitteln, welche die Schweiz ihren staatsvertraglichen Verpflichtungen beimisst. Schliesslich sind sie auch geeignet, die dem schweizerischen Bankkundengeheimnis anhaftende Unbezwingbarkeit in einem anderen Licht darzustellen.

4 Zur Zukunft des Bankkundengeheimnisses

Hat das schweizerische Bankkundengeheimnis eine Zukunft?

Das Bankkundengeheimnis steht und stand zweifellos unter massivem Druck. Dieser Druck wird, wie schon in der Vergangenheit, zu Anpassungen des Instituts an eine veränderte Umwelt führen. Diesem natürlichen Prozess ist aber dort Widerstand entgegenzusetzen, wo es um den Kernbestand der geschützten Rechtsgüter geht. In der Schweiz ist dies bis auf weiteres die Privatsphäre des Einzelnen insofern, als deren Schutz auch steuerrechtlichem Fehlverhalten, das aber nur verwaltungsrechtlich geahndet wird, vorgeht; der Vorwurf der Steuerhinterziehung vermag in anderen Worten die Offenbarung persönlicher finanzieller Daten nicht zu rechtfertigen.

Sowohl Liechtenstein wie auch die Schweiz sind wichtige Finanzplätze und als solche einem zunehmenden Wettbewerb ausgesetzt. Dabei ist nicht zu verkennen, dass gerade auch das rechtliche und regulatorische Umfeld und die Rechtssicherheit ein entscheidender Wettbewerbsfaktor sind. Zu diesen Faktoren gehört auch das Bankkundengeheimnis; allerdings ist es nur einer dieser Faktoren. Diese Tatsache gilt es in zweierlei Hinsicht im Auge zu behalten:

Einerseits um sich vor einem allzu rigiden und unbeweglichen Festhalten am Bankkundengeheimnis zu bewahren, und andererseits aber auch um das Bewusstsein zu stärken, dass vermehrte Transparenz und Offenlegung keinesfalls ein Nachteil zu sein brauchen. Die Bemühungen der letzten Jahren, die Regulierungsmechanismen der Finanzplätze neuen Erfordernissen anzupassen (Bekämpfung der Geldwäscherei, berufliche Sorgfaltspflichten, etc.) haben gezeigt, dass diese Offenheit sich auf die Finanzplätze unserer beiden Länder nicht negativ ausgewirkt hat. Es ist sicherlich notwendig, die Zeichen der Zeit, die auf Transparenz und Angleichung stehen, und den damit verbundenen Wertewandel zu erkennen und wahrzunehmen. Anpassungsprozesse können durchaus auch als Chance verstanden werden. Die Verantwortung des Bankiers besteht darin, das Vertrauen, das sein Kunde in ihn setzt, zu bewahren. Um diese Aufgabe wahrzunehmen, muss er sich dieser Verantwortung bewusst sein und ihr nachleben. Unsere beiden Finanzplätze haben sich in den letzten Jahren dank Erfahrung und Integrität weiterentwickeln können. Diese Faktoren werden auch in Zukunft wesentliche Konkurrenzvorteile bilden, sofern ihnen Sorge getragen wird.

GPSR Compliance

The European Union's (EU) General Product Safety Regulation (GPSR) is a set of rules that requires consumer products to be safe and our obligations to ensure this.

If you have any concerns about our products, you can contact us on ProductSafety@springernature.com

In case Publisher is established outside the EU, the EU authorized representative is:

Springer Nature Customer Service Center GmbH
Europaplatz 3
69115 Heidelberg, Germany

Batch number: 10815974

Printed by Printforce, the Netherlands